rowohlts monographien
begründet von Kurt Kusenberg
herausgegeben
von Wolfgang Müller und Uwe Naumann

Giacomo Puccini

mit Selbstzeugnissen
und Bilddokumenten
dargestellt von
Clemens Höslinger

bildmono rororo graphien

Rowohlt

Dieser Band wurde eigens für «rowohlts monographien» geschrieben
Den Anhang besorgte der Autor
Herausgeber: Beate Kusenberg und Klaus Schröter
Assistenz: Erika Ahlers
Umschlaggestaltung: Werner Rebhuhn
Vorderseite: Puccini zur Zeit der *Tosca*-Premiere, 1900
(Aus: Arnaldo Marchetti, «Puccini com'era»)
Rückseite: Theaterplakat zu *Tosca* von A. Hohenstein, 1899

Veröffentlicht im Rowohlt Taschenbuch Verlag GmbH,
Reinbek bei Hamburg, Februar 1984
Copyright © 1984 by Rowohlt Taschenbuch Verlag GmbH,
Reinbek bei Hamburg
Alle Rechte an dieser Ausgabe vorbehalten
Satz Times (Linotron 404)
Gesamtherstellung Clausen & Bosse, Leck
Printed in Germany
ISBN 3 499 50325 9

6. Auflage. 20.–21. Tausend Oktober 1999

Inhalt

Puccini ernst genommen

Lange Zeit war es üblich, von Giacomo Puccini nur mit größter Herablassung zu reden. Wer für *La Bohème, Tosca* oder gar für *Madama Butterfly* das Wort ergriff, setzte seinen Ruf aufs Spiel. Namentlich in den sogenannten «gebildeten» Kreisen war dies der Fall.

Diese abschätzige Einstellung hat auch auf die Musikforschung abgefärbt. Jahre und Jahrzehnte hindurch hat man von diesem Musiker kaum Notiz genommen. Der Komponist, dessen Werke die Opernhäuser in aller Welt füllten, schien – wenn man von ganz wenigen Ausnahmen absieht – für die Forschung keine Existenzberechtigung zu besitzen.

Die Erklärung für diese auffallende Ignoranz mag man darin finden, daß Puccini in erster Linie als eine Tageserscheinung aufgefaßt wurde, daß man ihm kein Nachleben zutraute. «Eine vergängliche Kunst – wie schlechter Journalismus, wie minderwertige Literatur.» Worte des italienischen Musikschriftstellers Torrefranca aus dem Jahre 1912.[1] (Bezeichnenderweise waren es gerade die italienischen Kritiker, die alle Mühe darauf anwandten, Puccinis Kunst herabzusetzen.) Kitsch und Kolportage – das waren die beiden Hauptargumente gegen Puccini. Ein bißchen Kunst (oder Kunsthandwerk) gestand man ihm gönnerhaft zu.

Von dieser Auffassung hat sich nicht mehr viel in unsere Zeit herüberretten können, da sie ganz auf das Dogma der «Vergänglichkeit» aufgebaut war. Die Dauerhaftigkeit von Puccinis Werk kam vielleicht unerwartet – aber sie ist ein Faktum. Und in dieser Dauerhaftigkeit und Unzerstörbarkeit liegt letztlich der Beweis für die – einstmals bezweifelte – starke künstlerische Kraft, die diesem Werk innewohnt. Denn noch nie, in keiner Kulturperiode hat sich Wertloses, Kunstloses für länger als ein paar Jahre am Leben erhalten können.

Worin diese künstlerische Kraft besteht, bedarf heute kaum mehr näherer Erläuterung. Man ist sich längst darüber im klaren, daß Puccini die letzte große Erscheinung im Reich der italienischen Oper bedeutet. Die enorme musikdramatische Begabung des Komponisten ist in ihrer vollen Größe erkannt worden, ebenso sein besonderes Sensorium für die Ausdrucksmöglichkeiten der menschlichen Stimme, sein außergewöhnlicher Klangsinn, der sich in seiner Kunst der Instrumentation und der harmonischen Erweiterung offenbart; dazu seine Fähigkeit, die intimsten psychologischen Stimmungen auszudrücken, die ihn – in seinen stärksten Momenten – zu einer musikalischen Parallelerscheinung Anton Tschechovs erhebt. Die künstlerische Potenz seines Schaffens ist so mächtig, daß dadurch auch die Mängel und Gebrechen seines Werks (der Hang zur Rührseligkeit, zum Seichten und Abgegriffenen) überwunden werden. Seine Erfindungskraft und Originalität heben ihn aus einer Musikepoche hervor, die einerseits durch Epigonentum, andererseits durch umstürzende Neuerungen gekennzeichnet war. Puccini war kein Wegbereiter, kein Bahnbrecher, doch immerhin eine überaus interessante und anziehende Figur zwischen den Epochen, zwischen Alt und Neu. Niemals einer bestimmten Richtung zugehörig, doch stets in Berührung mit allen musikalischen Strömungen seiner Ära. Die Tonsprache, die er sich geschaffen hat, ist ganz und gar sein Eigentum. Für den klanglichen Kosmos der Puccini-Oper gibt es keine Vorbilder, alles daran ist neuartig und unverwechselbar. Dies wurde auch von vielen Musikern seines Zeitalters anerkannt. Janáček, Berg, Schönberg, Strawinsky (um nur einige zu nennen) bezeugten Achtung vor seinem Werk.

Puccini ist zwar viel beschimpft worden, doch hat er auch seit jeher gewichtige Fürsprecher gefunden. Vor allem waren es die musikalischen Interpreten, die sich mit Leidenschaft in den Dienst seines Werks gestellt haben. Der Name Toscanini kann hier stellvertretend genannt werden.

Man weiß heute mehr über den Menschen und Künstler Puccini als dies der Mitwelt bekannt war. Den Zeitgenossen hat er sich vor allem als der elegante «Mann von Welt» eingeprägt, als der passionierte Jäger, Auto- und Motorbootfahrer, der so ganz der Schablone des weltberühmten, gefeierten Künstlers entsprach. Ein Mann überdies mit magischer Anziehungskraft auf die Frauenwelt, von imponierendem Aussehen. (Für Alma Mahler-Werfel war er «einer der schönsten Männer, denen ich je begegnet bin»[2].)

Den «anderen» Puccini lernte man erst nach dem Tod des Komponisten kennen. Zunächst aus den Briefen, die Giuseppe Adami 1928 veröffentlichte. Im Jahre 1938 gab Vincent Seligman eine weitere Sammlung heraus, die erschütternde Zeugnisse eines von Schwermut und Lebensangst gepeinigten Künstlerdaseins offenbaren. Nach dem Krieg sind noch mehrere Brief-Editionen erschienen, darunter die umfangreiche Sammlung «Carteggi pucciniani» und anderes, doch wurden bis jetzt längst noch nicht alle Korrespondenzen des Komponisten gesammelt und ediert.

Puccinis Briefsprache wirkt wie natürliche Rede, sie enthält viele Wendungen in toskanischer Mundart[3], ist zumeist kurz und bündig und steckt voll von scharfen Beobachtungen wie auch von Exklamationen der Augenblicksstimmung (etwa: ... *ich könnte mir vor Wut in die Finger beißen!*[4]). Es sind dies keine «literarischen» Briefe, wie sie uns von anderen Künstlern erhalten sind, doch lernt man aus ihnen einen gemütstiefen, kindlich-reinen, ehrlichen Menschen kennen, der oft sehr humorvoll sein konnte und der vor allem zutiefst bescheiden war. (*Mein Werk ist nur ein kleines Ding, vielleicht sogar ein allzu kleines Ding. Und doch – zumindest etwas.*[5]) Merkwürdig, daß sich Puccini in seinen Briefen – die in ihrer Summe die eigentliche «Selbstdarstellung» des Künstlers bedeuten – kaum jemals über seine Musik, über die Grundsätze seiner Kunst geäußert hat. Wie viele Briefe er im Laufe seines Lebens geschrieben hat, läßt sich kaum abschätzen. Wahrscheinlich waren es einige Tausende.

In neuerer Zeit hat die Puccini-Forschung viele Versäumnisse nachgeholt. Vor allem Mosco Carners grundlegende Arbeit ist hier zu nennen, weil sie die Mängel älterer Puccini-Biographien beseitigt und insgesamt das reichste Kompendium zu diesem Thema darstellt. Aber auch die Werke von Marek, Ashbrook, Marggraf, Casini, Osborne und anderen haben viel Neues und Erhebliches zutage gefördert. Dasselbe gilt auch für die rein theoretischen Untersuchungen zu Puccinis Musik.

Trotzdem bleiben noch immer viele wichtige Fragen offen. Man weiß zuwenig über die Verbreitungsgeschichte von Puccinis Werk (daran hat der Komponist am Ende seines Lebens selbst großes Interesse gezeigt[6]), man kennt kaum die – oft unterschätzte – Einwirkung Puccinis auf das Musikschaffen des 20. Jahrhunderts. So reich der Zuwachs des Puccini-Schrifttums geworden ist – es wird auch in Hinkunft noch viel über diesen Komponisten zu sagen sein.

Die oft erhobenen Fragen, ob Puccini ein Künstler der ersten, der zweiten oder gar nur der dritten Ordnung war, ob er ein Genie oder nur ein Grenzfall zwischen Talent und Genie war, ob sein Werk dem 19. oder dem 20. Jahrhundert zugehört – all dies läßt keine klaren, eindeutigen Antworten zu. Allein die Tatsache, daß sich Puccini in keine der vielen «Schubladen» einordnen läßt, kann als Beweis für das Einzigartige und Herausragende seiner künstlerischen Erscheinung gelten.

Die Pforte öffnet sich

Es gibt nur wenige Komponisten, die eine so stolze musikalische Ahnenreihe aufzuweisen haben wie Giacomo Puccini. Nicht nur sein Vater und Großvater, sondern auch Ur- und Ururgroßvater übten den Komponisten- und Kapellmeisterberuf aus. Die Genealogie der Puccinis hat folgenden Aufbau:

Giacomo Puccini (1712–81)
Antonio Benedetto Maria Puccini (1747–1832)
Domenico Vincenzo Puccini (1771–1815)
Michele Puccini (1813–64)
Giacomo Puccini (1858–1924)

Durch Heiratsverbindungen mit weiteren Musikerfamilien (Tesei im zweiten, Magi im vierten Glied) hat sich neue künstlerische «Blutzufuhr» ergeben. Man kann somit von einem sehr kostbaren Erbe reden, das dem letzten und bedeutendsten Sproß der Musiker-Dynastie zugefallen ist.

Ebenso wie der «Ahnherr» Giacomo sind auch seine vier Nachfolger in Lucca zur Welt gekommen: in jener alten toskanischen Stadt, die vor allem wegen ihrer wertvollen Kirchenbauten berühmt ist (der Dom San Martino stammt aus dem 11., die Kirchen San Michele und San Giovanni aus dem 12. Jahrhundert). In Lucca wurden übrigens noch zwei andere Größen der italienischen Musik geboren: Luigi Boccherini und Alfredo Catalani.

Das Betätigungsfeld von Puccinis Vorfahren war hauptsächlich die Kirchenmusik. Giacomo Puccini «der Erste», Sohn eines Zuwanderers aus dem toskanischen Gebirgsdorf Celle (bei Pescaglia), vollendete seine Studien in Bologna. Sein Lehrer und Mentor war jener illustre Padre Martini, der zu den größten musikalischen Autoritäten seines Zeitalters zählte. Im Jahre 1740 wurde er als Organist und Kapellmeister an die Domkirche seiner Geburtsstadt berufen. Von diesem Jahr an hatten die Puccinis das Musikleben Luccas in festen Händen: als Komponisten, Organisten, Kapellmeister und Musiklehrer – und dies durch mehr als 120 Jahre. Es mutet fast wie ein Widerspruch an, daß es gerade der berühmteste Zweig des Musikergeschlechts war, der dieser langen Tradition ein Ende setzte. Giacomo Puccini hat zwar in Lucca seine erste musikalische

Der «Ahnherr» der Musikerdynastie:
Giacomo Puccini (1712–81)

Antonio Puccini (1747–1832), der
Urgroßvater des Komponisten

Ausbildung erfahren, sonst aber spielt diese Stadt keine wesentliche Rolle in seinem Lebenslauf.

Die Vorfahren des Komponisten galten als tüchtige Musiker, einige von ihnen waren weit über die Grenzen ihrer Heimat bekannt. Antonio, der «zweite» Puccini, erwarb sich im Jahre 1771 die Mitgliedschaft der Accademia dei filarmonici in Bologna, eine Würde, die nur nach Absolvierung schwieriger Prüfungen zu erlangen war. (Kurz vorher war sie dem jungen Mozart zuteil geworden.) Der «dritte» Puccini, namens Domenico, erhielt dieselbe Auszeichnung, er war Schüler Paisiellos in Neapel und wirkte ab 1805 in seiner Heimatstadt. Domenico komponierte außer kirchenmusikalischen Werken auch einige Opern, die meisten davon im Buffo-Stil. Er starb verhältnismäßig früh – angeblich kam er durch ein Giftattentat ums Leben.

Michele Puccini, der Vater Giacomos, hat getreu der Familientradition seine Studien in Bologna (damals neben Neapel und Rom eine der wichtigsten Musikstädte Italiens) abgeschlossen. Einige Zeit lebte er in Neapel, wo er so berühmte Lehrmeister wie Gaetano Donizetti und Saverio Mercadante hatte. 1830 wurde er Organist in Lucca, außerdem (ab 1842) Lehrer am dortigen Konservatorium, dessen Leitung er ab 1852 bis zu seinem Tod innehatte. Michele Puccini ist vor allem als Komponist von

Albina Puccini (1831–84), die Mutter des Künstlers

Michele Puccini (1813–64), der Vater des Komponisten

Sakralmusik hervorgetreten, von ihm stammen aber auch zwei Opern («Antonio Foscarini» und «Giambattista Catani»), die mit Erfolg zur Aufführung gelangten. Er war verheiratet mit Albina (geborene Magi), der Schwester eines seiner ehemaligen Schüler. Dieser wiederum, Fortunato Magi (1839–82), übernahm nach Micheles Tod die Direktorstelle am Konservatorium zu Lucca. In späteren Jahren erwarb er sich als Leiter des Liceo Benedetto Marcello in Venedig hohes Ansehen.

Dem ungleichen Ehepaar – Albina war um achtzehn Jahre jünger als ihr Gatte – war reiche Nachkommenschaft beschieden: acht Kinder, von denen jedoch eines bald nach der Geburt starb. Unter den sieben Überlebenden gab es fünf Mädchen – mit den klangvollen Namen Odilia, Tomaide, Iginia, Nitteti, Ramelde – und zwei Knaben, Giacomo und Michele (letzterer kam drei Monate nach dem Tod des Vaters zur Welt).

Giacomo Puccini, der fünfte in dieser langen Skala, wurde am 22. Dezember 1858 in Lucca geboren.[7] Sein vollständiger Taufname lautet Giacomo Antonio Domenico Michele Secondo. Von dieser Namensform hat er jedoch niemals Gebrauch gemacht. Bereits in die frühen Jahre seines Lebens fiel ein trauriges Ereignis: der Tod des Vaters am 23. Januar 1864. Diese unerwartete Tragödie – Michele stand im 51. Lebensjahr – hatte für die Familie erhebliche Veränderungen zur Folge. Einschränkung war nun oberstes Gebot, denn die Mutter hatte fortan mit einer kleinen Rente das Auslangen zu finden.

Wie sehr man in Lucca an der musikalischen Vormachtstellung der Familie Puccini festhielt, geht aus einem Erlaß der Stadtverwaltung vom 18. Februar 1864 hervor, mit dem Fortunato Magi als – vorläufiger – Amtsnachfolger des Verstorbenen eingesetzt wird. Es ist darin ein Passus enthalten, demzufolge Magi «den Posten des Organisten und Kapellmeisters an Signor Giacomo, Sohn des vorhergenannten verstorbenen Maestros abzugeben habe, sobald dieser imstande sei, solche Pflichten auszu-

Das Geburtshaus in Lucca, Via di Poggio

Puccini zur Zeit seiner
Studienjahre in Lucca

üben»[8]. Ein merkwürdiger Fall von künstlerischer Vorausbestimmung, wie er sich in der Musikgeschichte nicht allzuoft zugetragen haben mag. «Signor Giacomo» war damals ein Knabe von sechs Jahren.

Über die Kindheit des Komponisten ist nicht viel bekannt. Aus den dürftigen Berichten geht hervor, daß er ein verträumter Knabe ohne nennenswerte Eigenschaften war. Seine Lernerfolge in der Schule – zunächst im Seminario San Michele, dann im Seminario San Martino – waren denkbar schlecht, vor allem gegen Mathematik hegte er eine unüberwindliche Abneigung. Er wirkte oft passiv und geistesabwesend – wie dies bei Kindern mit reicher Phantasie und bewegtem Innenleben häufig vorkommt. Andererseits legte er auch einen Hang zu übermütigen, oft sogar verrückten Streichen an den Tag. Diese Eigenheit blieb ihm bis in die Mannesjahre treu.

Den ersten Orgelunterricht hatte er noch von seinem Vater erhalten, später übernahm sein Onkel Fortunato Magi die musikalische Schulung. Magi, ein temperamentvoller, zu Jähzorn neigender Mensch, brachte seinem Schüler die Grundsätze der Musik auf recht drastische Weise bei: nämlich mittels Schlägen und Fußtritten. Glücklicherweise währte dieser amusische Unterricht nicht lange, denn Onkel Magi gab seine Bemühungen aus eigenem auf – weil sie ihm zuwenig aussichtsreich erschienen. Besser fühlte sich der Knabe bei Carlo Angeloni, einem einstigen Schüler Michele Puccinis, aufgehoben. Unter Angelonis Leitung offenbarten sich die ersten Anzeichen von Puccinis musikalischer Begabung; einer Begabung, die zwar vielversprechend war, doch zunächst durchaus im Bereich des Normalen verblieb. Bald hatte Giacomo Gelegenheit, seine erlernten Fertigkeiten (Gesang und Orgelspiel) nutzbringend anzuwenden. Ab 1868 wirkte er als Chorknabe in den Kirchen von San Martino und San Michele (er sang Altstimme), und mit etwa vierzehn Jahren war er bereits imstande, sich als Organist ein bißchen Geld zu verdienen. Diese Tätigkeit übte er nicht nur in Lucca, sondern auch in den Kirchen der benachbarten Ortschaften (Mutigliano, Pescaglia, Celle) aus. Auch als Klavierspieler trat er in Erscheinung, er musizierte bei Volksfesten, in Tavernen, bei den Tanzveranstaltungen in den nahen Seebädern. Seine Einkünfte, so gering sie auch waren, lieferte er daheim ab, um die ärmlichen Lebensverhältnisse seiner Familie ein wenig aufzubessern. Selbstverständlich mußten alle Wege zu Fuß zurückgelegt werden. Oft kam er dann spät in der Nacht nach Hause, todmüde, *einen schwer erarbeiteten kleinen Verdienst in der Tasche, aber mit großen Zukunftsplänen im Herzen*[9]. Das wenige, was er sich von seinen kleinen Einkünften zurückbehielt, ging für jenes «Laster» auf, dem er bereits in frühen Jugendjahren verfallen war: dem Zigarettenrauchen. Puccini blieb sein Leben lang ein außergewöhnlich starker Raucher.

Ab 1874 war Puccini Schüler des Konservatoriums seiner Heimatstadt. Auch hier war Angeloni sein Kompositionslehrer. Es ist anzunehmen, daß Puccini in diesen Zeiten auch manchmal das Operntheater in Lucca (Teatro del Giglio) besucht hat, doch ist darüber nichts Genaueres bekannt. Wir wissen nur, daß er durch Angeloni auf die Verdi-Opern «Rigoletto», «Il Trovatore», «La Traviata» aufmerksam gemacht wurde, deren Partituren er genau studierte. Das zündende Ereignis, das eine entscheidende Wende im Leben des jungen Musikers herbeiführte, vollzog sich im Frühjahr 1876. Verdis Oper «Aïda», deren Uraufführung erst fünf Jahre vorher stattgefunden hatte, wurde in Pisa mit großem Glanz in Serienvorstellungen gegeben. Die Kunde von der Schönheit und der gewaltigen szenischen Wirkung des Werks verbreitete sich in der ganzen Umgebung. Auch Puccini brannte danach, die neueste Oper Verdis kennenzulernen. Zusammen mit zwei Freunden begab er sich nach Pisa. Die Hin- und Rückreise wurde zu Fuß zurückgelegt, was bei der weiten Entfernung der beiden Städte (rund 20 Kilometer) keine geringe Leistung war. Der Eindruck der Vorführung war gewaltig, erschütternd. *Es war, als ob sich mir die musikalische Pforte eröffnet hätte.*[10] Verdi war von nun an sein großes Ideal. Seit diesem Ereignis war sich Puccini über seine Bestimmung zum Opernkomponisten im klaren.

Oper – mit diesem Begriff verband man im damaligen Italien vor allem die Stadt Mailand. Dort befand sich das Teatro della Scala, die große Pflegestätte von Verdis Opern, dort residierten die großen Verleger Lucca, Sonzogno, vor allem aber der allmächtige Ricordi, dort befand sich das berühmte Conservatorio Reale, jene Musikschule, die gerade für Opernkomposition den ersten Rang in ganz Italien einnahm. Alle Hoffnungen Puccinis richteten sich von nun auf Mailand.

Doch von so hohen Zielen war der achtzehnjährige Musikstudent noch weit entfernt. Zunächst hatte er seine Studien am Pacini-Konservatorium (Istituto musicale Pacini) abzuschließen. (Das Konservatorium in Lucca trug seinen Namen nach dem Komponisten Giovanni Pacini, 1796–1867, der einst zu den großen Berühmtheiten der italienischen Oper gehört hatte und dem die Gründung der Musikschule in Lucca zu danken war.)

Noch vier mühsame Studienjahre standen Puccini nach dem «Aïda»-Erlebnis bevor. Er unterzog sich dieser Verpflichtung ohne sonderliche Begeisterung, denn im Innersten hatte er sich längst schon der Kirchenmusik, seiner hauptsächlichen Studienrichtung, abgekehrt. Überhaupt fühlte sich Puccini im Schulbereich stets unbehaglich. Schematische Ordnung, Zwang und Unfreiheit – dies alles lief seinem ganz aufs Improvisatorische, Phantasievolle ausgerichteten Naturell entgegen. *Klassenzimmer erzeugen Klaustrophobie in mir.*[11] Diese Abneigung gegen alles Schulmäßige mag auch der Grund dafür sein, daß Puccini niemals zur Annahme einer Lehrstelle zu bewegen war, obwohl solche Angebote mehrmals an ihn herankamen.

In den Konservatoriumsjahren entstanden einige Kompositionen Puccinis: Stücke für Orgel, kleinere kirchenmusikalische Werke sowie ein längeres Orchesterstück mit dem Titel *Preludio sinfonico* (1876). In diesem zarten, elegischen Werk sind einige Themen enthalten, die der Komponist später in seiner ersten Oper *Le Villi* wieder verwendete. Auffallend die Versiertheit in der Instrumentation. Der «wagnerische» Schluß weist darauf hin, daß sich Puccini bereits damals mit dem Schaffen des deutschen Musikdramatikers vertraut gemacht hatte.

Im Jahre 1877 beteiligte er sich mit einer patriotischen Kantate *I figli d'Italia bella* (Die Söhne des schönen Italien) an einem Preisausschreiben – allerdings erfolglos. Bei der Rückgabe des Manuskripts wurde ihm der Rat erteilt, seine musikalischen Kenntnisse zu erweitern und sich vor allem einer deutlicheren Handschrift zu bedienen. Das Übel einer schwer lesbaren, unordentlichen Notenschrift blieb Puccini allerdings sein Leben lang treu.

Im folgenden Jahr erlebte er zum erstenmal die Aufführung eigener Kompositionen: *Motetto* und *Credo* zur Feier des heiligen Paulinus (Paolino), des legendären ersten Bischofs von Lucca. Die beiden Stücke, die in der Kirche San Paolino gespielt wurden, hat Puccini zwei Jahre später in seiner *As-Dur-Messe* nochmals verwendet. Diese *messa per soli, coro a 4 voci e orchestra* in As-Dur (1880) ist die größte und bedeutendste seiner frühen Kompositionen. Seit der ersten Drucklegung im Jahre 1951 trägt das Werk den Titel *Messa di Gloria*. Unter dieser Bezeichnung gelangt es seither oftmals zur Aufführung. Eine Komposition von großem

Einfallsreichtum, erstaunlich sicher in der Führung der Stimmen und des Orchesters – allerdings im höchsten Grade unkirchlich. Kennzeichnend, daß Puccini das Thema des *Agnus Dei* später in seiner Oper *Manon Lescaut* verwenden konnte: als jenes galante Liebeslied (*Madrigal*), das im zweiten Akt der Oper zu Manons Zerstreuung vorgetragen wird. Die Messe enthält eine Tenor-Arie (*Gratias agimus*), die dem pathetischen Stil der Sakralwerke Gounods nahesteht, ebenso ein ausgedehntes Solo für tiefen Baß (*Crucifixus*), das deshalb merkwürdig ist, weil Puccini in seinem späteren Schaffen dem «basso profondo» kaum nennenswerte Aufgaben zugewiesen hat. Stilbedingt ist das Fehlen der weiblichen Solostimmen. Das feurige, lebhafte, mit schmetternden Bläsersätzen ausgestattete Werk steht merklich unter dem Eindruck von Verdis «Requiem», welches 1874 in Mailand zum erstenmal aufgeführt worden war.

Die *Messa* war Puccinis Abschlußarbeit am Konservatorium. Noch immer stand ihm Mailand als großes Ziel vor Augen – doch waren die Chancen für so kühne Pläne denkbar ungünstig. Ein Studium in Mailand war teuer, die Familie hätte so hohe Kosten nicht tragen können. In dieser Notlage erwies sich Puccinis Mutter als erfinderisch. Als sie in Erfahrung brachte, daß die italienische Königin (Margherita di Savoia) ein Stipendium für junge, bedürftige Musiker ausgesetzt hatte, reichte sie über Ver-

Il R. Conservatorio di musica in Mailand

Puccini schreibt an seine Mutter. Aus der Studienzeit in Mailand mittlung einer Bekannten (einer Gräfin Pallavicini) ein Bittgesuch ein. Mit Erfolg: zumindest für das erste Studienjahr wurde ihrem Sohn ein Monatsstipendium von 100 Lire zugesichert. Die finanzelle Unterstützung für die weiteren Studienjahre übernahm ein großherziger Verwandter namens Dr. Nicolao Cerù, ein angesehener Arzt, der sich in seiner Freizeit auch als Journalist und Literat betätigte. Der Magistrat der Stadt Lucca, der den Vorfahren Puccinis in solchen Fällen stets reichliche Subvention hatte zuteil werden lassen, war für Giacomo zu keiner Hilfeleistung zu bewegen. Es gibt verschiedene Vermutungen über diese ablehnende Haltung. Man bringt gewisse «Jugendsünden» Puccinis damit in Zusammenhang, unbedachte Streiche, mit denen er sich die Gunst der Stadtväter verscherzt haben mochte. Wahrscheinlicher ist jedoch die Annahme, daß Puccini durch die Änderung seiner Studienrichtung sein Anrecht auf Förderung verwirkt hatte. Ein Opernkomponist war für die Zwecke der Stadtverwaltung nutzlos geworden.

Ende August 1880 begab sich Puccini nach Mailand, um sich am Konservatorium der gefürchteten, nach einem strengen Punktesystem wertenden Aufnahmeprüfung zu unterziehen. Aus dieser Zeit stammen die ersten erhaltenen Briefe Puccinis. Sie sind an seine Mutter gerichtet (*carissima mamma*) und enthalten ausführliche Berichte über seine Erlebnisse und Erfahrungen in der Musikstadt Mailand. *Bis jetzt habe ich noch nichts über meine Zulassung am Konservatorium gehört, weil sich die Lehrerschaft erst am Samstag versammeln wird, um über die Prüflinge zu beraten und herauszufinden, wer von ihnen zugelassen werden soll, denn es gibt nur sehr wenige freie Plätze. Ich hoffe jedoch ganz bestimmt, zugelassen zu werden, da ich viele Punkte erreicht habe, ich hoffe auch, daß man mir mein Alter nachsieht.* [12] (Puccini war nämlich mit seinen 22 Jahren ein relativ «alter» Kandidat.)

Ende November bewältigte er jene Hürde, an der einst der junge Verdi gescheitert war: er bestand die Aufnahmeprüfungen am Mailänder Konservatorium – und dies mit sehr gutem Erfolg. Seine wichtigsten Lehrer waren fortan der berühmte Opernkomponist Amilcare Ponchielli und Antonio Bazzini, der ab 1882 Direktor des Instituts war. Bazzini (1818 bis 97) war in seiner Jugend ein bekannter Violinvirtuose gewesen und hatte sich oft in Deutschland aufgehalten. Von seinen Kompositionen zählt sein «Rondo de lutins» auch heute noch zu den populären Vortragsstücken der Konzertgeiger. Bazzini war ein guter Kenner der deutschen Musik und schätzte besonders die Werke Bachs und Beethovens.

Mehr als zu Bazzini fühlte sich Puccini zu Ponchielli hingezogen. Bald entstand zwischen Lehrer und Schüler eine freundschaftliche Beziehung. Ponchielli (1834–86), dessen «La Gioconda» (1876) sich in Italien als einer der wenigen Opernerfolge in einer fast ganz von Verdi bestimmten Ära behaupten konnte, war ein Mensch von grenzenloser Güte und Uneigennützigkeit. Puccini hatte seiner milden, väterlich-beschützenden We-

Die «Galleria» in Mailand

sensart viel zu verdanken. In einem Brief an Puccinis Mutter schreibt Ponchielli: «Ihr Sohn ist einer der besten Schüler meiner Klasse, und ich bin mit ihm sehr zufrieden. Allerdings wäre ich noch mehr zufrieden, wenn er sich seiner Arbeit mit etwas größerer Ausdauer widmete, denn wenn er will, kann er das sehr gut. Es wäre nötig, daß er sich neben der Arbeit, die er für meine Klasse zu tun hat, auch selbständig mit seiner Kunst beschäftigte und sich mit dem Studium der großen Meister und mit dem Komponieren befaßte.»[13]

Ponchielli hat Puccinis große Begabung, aber auch seinen mitunter auftretenden Mangel an Energie und Konzentration klar erkannt. Puccini hat in späteren Jahren gern davon erzählt, daß er seine Lehrer am Konservatorium oft zum besten gehalten habe. Etwa dadurch, daß er ein und dieselbe Aufgabe einmal Bazzini, ein andermal Ponchielli vorlegte; oder daß er ältere, längst approbierte Übungsstücke als neue Arbeiten einreichte – bloß mit veränderter Tonart.[14] In seinen Notenblättern und Schulheften – die zum Teil erhalten sind – finden sich häufig Karikaturen seiner Lehrkräfte.

Puccinis Studienzeit in Mailand währte von 1880 bis 1883. Seine besten Lernerfolge hatte er in den Fächern Komposition und Musikgeschichte. In anderen Disziplinen, wie etwa Klavierspiel, war er weit weniger erfolgreich. Puccini war niemals ein besonders guter Klavierspieler, seine Fähigkeiten auf diesem Gebiet wurden von manchen Beurteilern sogar als ausgesprochen schwach bezeichnet.[15] Ähnlich scheint es ihm mit dem Fach Dirigieren ergangen zu sein. Puccini hat sich nie in der Öffentlichkeit als Dirigent gezeigt. Völlig abweichend von der Gepflogenheit der meisten Komponisten hat er niemals eine seiner Opern dirigiert.

Das Studentenleben war für Puccini mit manchen Annehmlichkeiten, vorwiegend aber mit Not und Entbehrung verbunden. Mailand, die lebensvolle, elegante Stadt übte tiefen Eindruck auf ihn aus. *Wie reich ist Mailand!* schreibt er an seine Mutter. Der Glanz der «großen Welt» ließ ihn freilich seine notdürftige Lage besonders hart empfinden. *Maledetta la miseria!* (Verwünschte Armut!)[16] – solche Ausdrücke sind in seinen Briefen nichts Seltenes.

Die Stunden der Freizeit verbrachte er gern im Kreis seiner Studienkollegen, in Kaffee- und Gasthäusern, am liebsten aber in der Galleria, der hohen, überdachten Passage in der Nähe der Scala, dem Treffpunkt der arrivierten, der aufstrebenden und gestrandeten Künstlerwelt Mailands. Sein Stipendium war so karg bemessen, daß er zu höchster Sparsamkeit gezwungen war. *Am Abend, wenn ich Geld habe, gehe ich ins Kaffeehaus, aber es gibt sehr viele Abende, an denen ich nicht hingehe, denn ein Punsch kostet dort 40 Centesimi! Darum gehe ich früh ins Bett, mich widert das Herumgehen in der Galleria schon an. Ich habe ein hübsches kleines Zimmer, sehr sauber, mit einem schönen Arbeitstisch aus Nußholz, der eine wahre Pracht ist. Im ganzen bin ich recht gern hier. An Hunger «leide» ich nicht. Ich esse ziemlich schlecht, aber ich fülle mich voll mit Minestrone, mit «verlängerten Fleischbrühen» usw. Mein Bauch ist damit zufrieden.*[17]

Ein andermal schildert er der Mutter seinen Tagesablauf folgendermaßen: *Am Morgen stehe ich um halb neun auf; wenn ich Unterricht habe, gehe ich fort. Wenn nicht, übe ich ein bißchen Klavier. Nicht allzuviel, aber ich muß üben. Ich kaufe mir jetzt eine vorzügliche Methode von Angeleri* (Antonio Angeleri, Klavierlehrer am Mailänder Konservatorium und Verfasser einer Anleitung zum Klavierspiel), *das ist eines jener Lehrbü-*

cher, nach denen man für sich allein lernen kann, ganz ausgezeichnet! Weiter: um halb elf mache ich eine Frühstückspause, dann gehe ich weg. Um eins komme ich nach Hause und arbeite ein paar Stunden für Bazzini; dann etwa zwischen drei und fünf bin ich wieder beim Klavier und schaue ein wenig die klassische Musikliteratur durch ... Um fünf gehe ich zu einer einfachen Mahlzeit (bescheiden und ausgiebig) und esse eine minestrone alla milanese, die, um die Wahrheit zu sagen, recht gut ist. Davon esse ich drei Teller, dann noch etwas anderes, was satt macht, ein Stückchen Käse «mit Würmern», dazu einen halben Liter Wein. Dann zünde ich mir eine Zigarre an, begebe mich in die Galleria und gehe dort ein bißchen hin und her, wie ich das gewohnt bin. Dort bleibe ich bis neun und komme dann todmüde nach Hause. Daheim betreibe ich noch ein wenig Kontrapunkt, aber ich spiele nicht, denn in der Nacht darf man nicht spielen. Dann krieche ich ins Bett und lese noch sieben oder acht Seiten in einem Roman. So sieht mein Leben aus.[18]

In der ersten Zeit wohnte er allein, später zogen noch sein Bruder Michele (ebenfalls Musikstudent) und ein weiterer junger Mann aus seiner Verwandtschaft zu ihm. Das Studentenleben mit seiner Mischung aus Armut und Unbeschwertheit, mit den kleineren und größeren Liebesgeschichten, den Kalamitäten mit zinsfordernden Hausherren, mit Leihanstalten usw. – all dies gleicht aufs getreueste jenem Milieu, das Puccini später in seiner Oper *La Bohème* so lebenswahr dargestellt hat.

Freilich waren es vorwiegend die düsteren Seiten des Boheme-Lebens, die er zu spüren bekam. In einem Interview aus dem Jahre 1904 sagte Puccini: *Wenn Sie den Vorhang zum ersten Akt von La Bohème aufgehen sehen, erleben Sie den armen Musikstudenten Giacomo Puccini des Mailänder Konservatoriums ... Als ich Henri Murgers Roman «La Vie de la Bohème» als Grundlage für einen Operntext auswählte, beauftragte ich Illica, den Verfasser des Librettos, die Szenerie genau nach meiner Beschreibung jenes dürftigen Zimmers zu gestalten, in dem ich als Student des Mailänder Konservatoriums gewohnt hatte. Jedesmal, wenn ich La Bohème höre, sehe ich im Geist jene traurige Aussicht vor mir – jene öden Kamine und den ganzen Schmutz, der meine Jugend vergiftete. Ich ernährte mich von Brot, Bohnen und Heringen und fror manchmal so sehr, daß ich tatsächlich, wie Rodolfo in der Oper, die Manuskripte meiner ersten Kompositionsversuche verbrannte, um mich zu wärmen ... Ich sehnte mich nach all den schönen Dingen, die mir so gänzlich fehlten. Während jener Jahre am Konservatorium litt ich so sehr an Armut, Kälte, Hunger und Elend, daß mein Herz verbitterte und meine Seele verkam. Ich führe die morbide Anziehungskraft, die La Tosca auf mich ausübte, auf jene Zeit der Armut zurück. Es ist wahrscheinlich eine psychologische Reaktion.*[19]

In den Studentenjahren machte er die Bekanntschaft mit einigen bemerkenswerten Musikern. Alfredo Catalani (1854–93), ebenso wie Puccini aus Lucca stammend, war damals bereits ein anerkannter Opernkom-

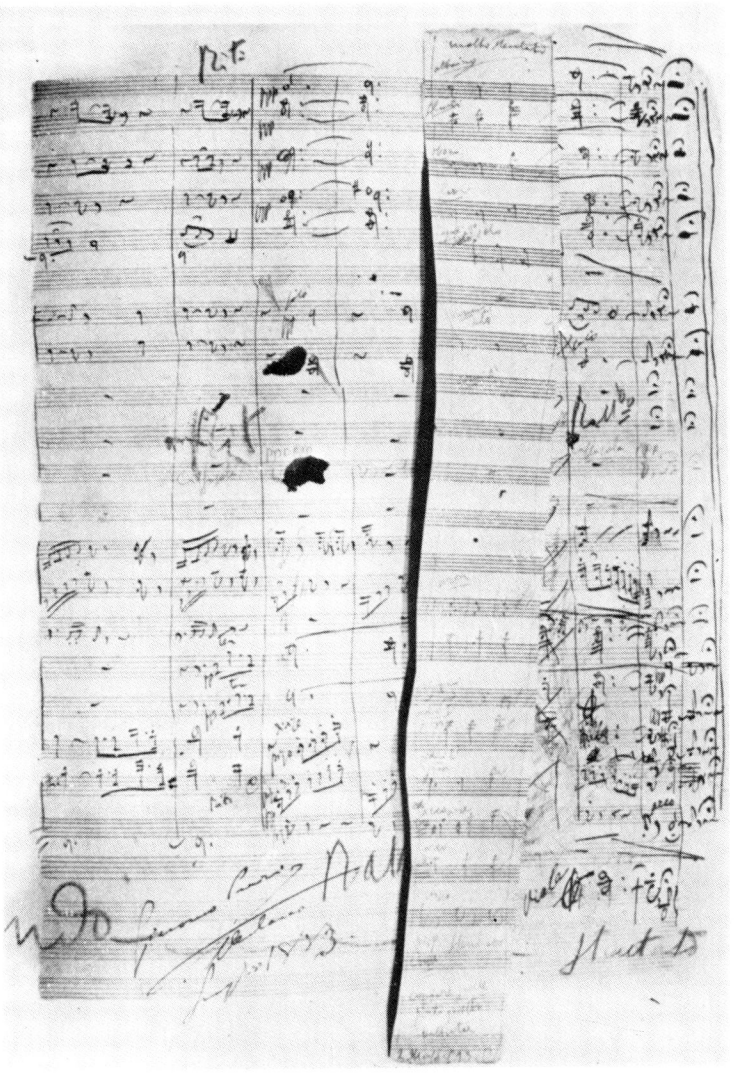

Autograph des «Capriccio sinfonico». Juli 1883

ponist, obwohl er nur um vier Jahre älter als Puccini war. In den Anfangszeiten standen die beiden Musiker in freundschaftlichem Verhältnis zu-
einander, später jedoch, als Puccini seine ersten großen Erfolge erntete,
schwand Catalanis Zuneigung für seinen jüngeren Komponisten-Kolle-

*Puccini in den Mailänder
Studentenjahren.
Zeichnung von Giorgio Lucchesi*

gen und machte einer verbitterten, eifersüchtigen Gesinnung Platz. Catalani, ein hochbegabter, feinsinniger Musiker, fühlte sich durch Puccini
von seinem Platz verdrängt. Ein schweres körperliches Leiden (Tuberku-
lose) machte seinem Leben frühzeitig ein Ende.

Eine weitere Bekanntschaft aus Puccinis Jugendjahren: Pietro Mascagni, der einige Monate lang Puccinis Zimmergefährte war. Mascagni
(1863–1945), erheblich jünger als Puccini, war nur kurze Zeit Student am
Mailänder Konservatorium. Die Zeit, die sie gemeinsam verlebten,
scheint eine der bedrückendsten Perioden in ihrem Dasein gewesen zu
sein: beide ständig in Geldnot, von Gläubigern bedrängt. Der einzige
Luxus, den sie sich gönnten, war der gemeinschaftliche Ankauf der Partitur von Richard Wagners «Parsifal»[20].

Auch den Komponisten Paolo Tosti (1864–1916) und den Sänger Tamagno lernte er damals kennen. Francesco Tamagno (1850–1905) war
einer der größten Tenöre der Gesangsgeschichte. (1887 sang er bei der
Uraufführung von Verdis «Otello» die Titelrolle.) Engere, tiefere
Freundschaften zu seinen Musikerkollegen ist Puccini aber weder damals
noch in späteren Lebenszeiten eingegangen.

Der junge Puccini – das war eine eigentümliche Mischung aus Melancholie und Übermut, aus Verzagtheit und Stolz. Der auffallend hübsche,

hochgewachsene junge Mann zog überall die Aufmerksamkeit auf sich, man achtete, respektierte ihn trotz seiner bedürftigen Lage. Seiner Herkunft nach war er zwar «Provinzler», doch als Nachkomme einer alten Künstlerfamilie trug er ein Standesbewußtsein zur Schau, das ihn über alle Durchschnittlichkeit erhob. Manche seiner Äußerungen lassen auf starke Selbstsicherheit schließen. Als sich sein Großonkel Cerù erbötig machte, nach Mailand zu kommen, um gewisse «Empfehlungen» bei Puccinis Lehrern vorzubringen, reagierte der Student ungewöhnlich schroff: *Ihr Leute aus Lucca denkt immer nur an Empfehlungen; verflucht soll der sein, der das erfunden hat ... Ihr wißt ja gar nicht, was für Menschen Bazzini und Ponchielli sind. Man würde dabei nur verlieren.*[21]

In Mailand hatte Puccini reichlich Gelegenheit, Opern und Konzerte zu besuchen. Er kaufte sich die billigsten Eintrittskarten, manchmal hatte er auch Glück und wurde von Bekannten eingeladen. Unter den Opern, die er sah, machte ihm vor allem «Carmen» tiefen Eindruck: ... *wirklich eine wunderschöne Oper!*[22] Puccini war zeit seines Lebens ein großer Bewunderer von Bizets Oper. Und wenn es auch stets problematisch ist, bei einer so stark ausgeprägten künstlerischen Erscheinung wie Puccini von «Einflüssen» zu reden, so darf doch der mächtige Impuls nicht übersehen werden, den gerade diese Oper auf sein Schaffen ausgeübt hat. Der Farbenreichtum der Instrumentation, der sinnenfreudige Zug der Musik, der krasse Wechsel von realistischen und sentimentalen Elementen – all dies fiel bei dem jungen Musiker auf fruchtbaren Boden.

Aus Puccinis Mailänder Lehrjahren stammen mehrere Kompositionen, darunter Fugen, Übungsstücke im strengen Satz, sowie auch einige Romanzen mit Klavierbegleitung. Die wichtigste Schöpfung dieser Periode ist das *Capriccio sinfonico* (1883), das umfangreichste Orchesterwerk, das Puccini jemals geschrieben hat. Über die Entstehung dieser Komposition (seiner Abschlußarbeit am Konservatorium) berichtete er in späteren Tagen: ... *ich spürte die Inspiration und schrieb zu Hause, auf der Straße, in der Gastwirtschaft «Aïda» oder beim braven Meister Gigi, der uns stets zu essen gab, ohne die Ungezogenheit zu besitzen, sich auch seine Rechnungen bezahlen zu lassen. Ich schrieb auf Blättern, Papierfetzen, Zeitungsrändern.*[23]

Trotz seiner skizzenhaften Form und trotz der fürchterlichen Notenschrift fand das *Capriccio* die Anerkennung der Prüfungskommission. Das Stück wurde am 14. Juli 1883 vom Studentenorchester des Konservatoriums zur Aufführung gebracht. Der Dirigent war kein geringerer als Franco Faccio (1840–91), damals die größte Autorität unter den italienischen Kapellmeistern. Der angesehene Kritiker Filippo Filippi schrieb in der Zeitung «La Perseveranza» einen langen, überaus lobenden Artikel über das Werk. Das *Capriccio* machte den Namen Puccini in der italienischen Musikwelt bekannt, von dieser Aufführung an zählte der Komponist zu den großen künstlerischen Hoffnungen seiner Heimat.

Franco Faccio hat das Werk später noch einige Male aufgeführt, es erschien davon sogar eine Fassung für Klavier (zu vier Händen), die von Giuseppe Frugatta hergestellt worden war (Verlag F. Lucca, Mailand 1884). Puccini hat jedoch von jenem Zeitpunkt an, da er als Opernkomponist bekannt wurde, weitere Aufführungen des Stücks untersagt.

Das *Capriccio sinfonico* verdient vor allem deshalb Beachtung, weil sich darin zahlreiche Motive finden, die später in Puccinis Opern wiederkehren. So kommt etwa die gesamte Introduktion zu *La Bohème* darin zum Erklingen. Manche der Themen weisen bis in die Zeit der *Madama Butterfly* voraus. Merkwürdig auch die markanten Walzermotive in dieser Komposition. Mit Walzerthemen hat sich Puccini immer wieder, besonders aber in seiner späteren Schaffensphase (*La rondine*) beschäftigt. Insgesamt läßt sich der szenische Charakter des Werks nicht überhören: dramatische Musik, der noch die Worte, die Figuren, die theatralischen Schauplätze fehlen.

Excelsior!

... und Gott berührte mich mit dem kleinen Finger und sprach: schreibe für das Theater! Merke dir: nur für das Theater! [24]

An diesem «höheren Auftrag» hat Puccini mit einer Ausschließlichkeit festgehalten, für die es in der Musikgeschichte nicht allzu viele Beispiele gibt. Die Opernkomposition nimmt in seinem Werk die erste Stelle ein, alles übrige gehört in die Kategorie der Nebenprodukte und Vorstudien, wurde von ihm selbst als unwesentlich eingestuft. Und mehr noch: die Opernkunst stellte für ihn das ganze Um und Auf seines Lebens dar, sowohl als Künstler wie auch als Mensch war er mit dieser Kunstform aufs engste verwurzelt. Wenn er mit der Komposition einer neuen Oper befaßt war, wenn er Aufführungen eigener Werke überwachte, wenn er sich auf der Suche nach neuen Opernstoffen befand, dann war er von einer geistigen Regsamkeit, die ihn förmlich Tag und Nacht in Bann hielt. *Ich bin glücklich, weil ich Arbeit habe.* [25] Hingegen fühlte er sich bis zur Verzweiflung matt und elend, wenn keine greifbare Tätigkeit in Aussicht war. Aus der Entstehungszeit der Oper *La fanciulla del West* stammt die Briefstelle: *Ich denke schon mit Schrecken an den Tag, an dem ich mein Werk vollendet haben werde und zu einem einsamen tête-à-tête mit mir selbst zurückbleiben muß.* [26] Der Mensch Puccini außerhalb der Opernsphäre trug ausgesprochen banale Züge, wie sich dies aus vielen seiner Lebensgewohnheiten, aus seinen oft recht simplen Vergnügungen und Hobbies erkennen läßt.

Le Villi

Als Puccini Mitte Juni 1883 seine Studienzeit am Mailänder Konservatorium beendet hatte – nach alter Sitte stand ihm nun das Recht zu, sich «Maestro» zu nennen –, blieb ihm noch immer die Möglichkeit einer Rückkehr in seine Geburtsstadt offen. Er hatte jedoch anderes im Sinn. Obwohl er von nun an nicht mehr mit finanziellen Unterstützungen rechnen konnte, verblieb er weiterhin in Mailand. Bereits in den letzten Monaten seiner Studienzeit hatte sich in ihm eine Idee festgesetzt, von der er sich eine entscheidende Wende seiner unsicheren Lage erhoffte. Der Verleger Edoardo Sonzogno hatte am 1. April 1883 in der Zeitschrift «Teatro illustrato» ein Preisausschreiben für eine einaktige Oper verlautbart. Der «Concorso Sonzogno», in diesem Jahr zum erstenmal ausgesetzt, hat später dadurch Berühmtheit erlangt, daß er Mascagnis Verismo-Oper «Cavalleria rusticana» hervorgebracht hat.

Puccini faßte den Plan, sich an dieser Konkurrenz zu beteiligen. Die Zeit war knapp (Einsendetermin 31. Dezember des Jahres); außerdem fehlte ihm das Allerwichtigste für sein Vorhaben: ein Opernlibretto. In dieser bedrängten Situation erwies sich Puccinis väterlicher Freund Ponchielli als Retter in der Not: er war mit dem Schriftsteller Ferdinando Fontana (1850–1919) bekannt, der eben zu dieser Zeit mit der Arbeit an einem Operntextbuch beschäftigt war. Mitte Juli kam es durch Ponchiellis Vermittlung zu einem Treffen der beiden jungen Männer im Künstlerlokal Il Barco, das nicht weit von Mailand entfernt in Caprino Bergamasco gelegen war. (Besitzer dieser vielbesuchten Herberge war Antonio Ghislanzoni, der Verfasser des Textbuchs zu Verdis «Aïda», ein Original der italienischen Künstlerwelt, das sich in den verschiedensten Metiers versuchte.) Die ersten Berührungen zwischen Komponist und Dichter verliefen vielversprechend. Puccini an seine Mutter: *Er sagt, daß ihm meine Musik gefalle etc. etc. Ponchielli hat sich dann auch etwas ins Zeug gelegt und mich warm empfohlen. Es dürfte sich um ein gutes Sujet handeln, das schon für jemand anderen bestimmt war, das aber Fontana mit Freuden mir geben würde; um so mehr als es mir wirklich gefällt, weil darin ziemlich viel mit symphonischer Malerei zu machen wäre, was mir sehr zusagt, deshalb müßte es gelingen. Auf diese Art könnte ich am Concorso Sonzogno teilnehmen. Aber die ganze Geschichte, liebe Mama, ist noch sehr ungewiß. Bedenke, daß der Concorso für ganz Italien gilt und nicht lokal begrenzt ist, wie ich geglaubt habe; und dann, die Zeit ist knapp . . .*[27]

Anfang September – also bereits reichlich spät – hatte Puccini den fertigen Text in Händen. Er begab sich nach Lucca, in sein Elternhaus, wo er von aller Welt zurückgezogen, nur von seiner – damals bereits schwer erkrankten – Mutter betreut, im wahrsten Sinn des Worts Tag und Nacht an seiner Oper arbeitete. Mit knapper Not konnte er die Komposition fertigstellen. Er sandte das Manuskript am Stichtag, dem 31. Dezember, ab – doch vermutlich war dies bereits zu spät. Die Oper erhielt keinen Preis. Der wahre Grund für die Ablehnung war jedoch weniger der verspätete Einsendetermin, sondern jenes Übel, das dem Komponisten bereits so viele Beanstandungen eingetragen hatte: Puccinis Notenschrift wurde als unleserlich bezeichnet. Tatsächlich weist das Autograph der Oper *Le Willis* (so lautete der Titel in der ersten Fassung) die Spuren höchster Eile und Hast auf. (In der Kommission befanden sich übrigens einige Musiker, die Puccini durchaus wohlgesinnt waren, wie etwa Ponchielli und Faccio.) Der Preis von 2000 Lire ging zu gleichen Teilen an die beiden heute kaum mehr bekannten Komponisten Guglielmo Zuelli und Luigi Mapelli.

Für Dichter und Musiker bedeutete dies eine bittere Enttäuschung. Fontana, der an den Erfolg von *Le Willis* große Hoffnungen (besonders finanzieller Art) geknüpft hatte, gab sich jedoch nicht so leicht geschlagen. Im Gegensatz zu Puccini war er in den gesellschaftlichen Zirkeln Mailands gut bekannt. Dadurch war es ihm möglich, jenes folgenreiche Treffen zu erwirken, das sich zu Beginn des Jahres 1884 im Haus des reichen Kunstfreunds Marco Sala zutrug. Vor einer illustren Gesellschaft

Puccini aus der Zeit von «Le Villi»

Teatro dal Verme in Mailand, wo Puccinis erste Oper uraufgeführt wurde

Teatro dal Verme,
Innenraum

hatte der Komponist nun Gelegenheit, Bruchstücke aus seiner Oper – auf dem Klavier spielend und dazu singend – vorzutragen. (Puccini besaß eine wohltönende Gesangsstimme und war imstande, sämtliche Stimmlagen – auch die weiblichen – zu markieren.) Unter den Gästen befanden sich Ponchielli (der maßgeblich am Zustandekommen dieses Treffens mitgeholfen hatte) und Arrigo Boito, damals eine der einflußreichsten Persönlichkeiten des italienischen Musiklebens. Boito (1842–1918) war ein Mann von größter Vielseitigkeit und ausgezeichneter Bildung, als Opernkomponist («Mefistofele») weithin bekannt, ebenso als Schriftsteller, Kritiker, Librettist. (Gerade zu dieser Zeit begann Verdi seinen «Otello» nach Boitos Text zu komponieren.) Vor allem galt Boito als der große Befürworter aller neuer Tendenzen in der Musik, als der Schutzherr der jung-italienischen Schule («Giovane scuola italiana»), die sich etwa ab den achtziger Jahren zu rekrutieren begann.

Puccini hatte mit seiner Vorführung Glück: Boito war von *Le Willis* tief beeindruckt und versprach, sich für das Werk einzusetzen. Dieser Abend im Hause Sala entschied über Puccinis Schicksal. Sowohl Ponchielli als auch Boito besaßen enge Beziehungen zum Verlagshaus Ricordi, das von nun an lebhaftes Interesse an dem jungen, vielverheißenden Komponisten zeigte. Und nun überstürzten sich die Ereignisse. Ricordi ließ auf eigene Kosten das Textbuch der Oper drucken. Bereits am 13. Mai 1884 konnte Puccini seiner Mutter berichten: *Wie Sie bereits wissen, habe ich meine kleine Oper [l'operetta mia] dem Teatro dal Verme übergeben. Ich habe Ihnen davon nichts geschrieben, weil es noch unsicher war. Viele hiesige Herrschaften haben sich zusammengetan, darunter auch Personen wie A. Boito, Marco Sala etc., die alle eine gewisse Summe gezeichnet haben. Ich habe an die Verwandten und Cerù geschrieben, daß sie mir eine Unterstützung für die Kopierarbeiten gewähren mögen, denn diese werden 200 Lire und mehr kosten ... Hoffen wir, daß alles gelingt. Wie geht es Ihnen? Ich weiß, es ist immer das gleiche, arme Mama!* [28]

Die letzte Äußerung bezieht sich auf den Gesundheitszustand der Mutter, der um diese Zeit bereits in ein hoffnungsloses Stadium getreten war.

Durch das tatkräftige Wirken so vieler Protektoren wurde die Sache rasch vorangetrieben. Puccini unterzog auf Anraten Ricordis sein Werk einiger Korrekturen, und am 31. Mai 1884 fand im Teatro dal Verme in Mailand die Uraufführung von *Le Willis* statt. In der Ankündigung wurde eigens darauf hingewiesen, daß das neue Werk beim Sonzogno-Wettbewerb «weder einen Preis noch ehrenvolle Erwähnung» erlangt hatte. [29] Eine deutliche «Spitze» Ricordis gegen seinen Konkurrenten Sonzogno.

Die drei Gesangsrollen wurden von Rosina Caponetti (Anna), Antonio d'Andrade (Roberto) und Erminio Pelz (Guglielmo Wulf) verkörpert, Dirigent war Achille Panizza. Puccinis Einakter stand an der zweiten Stelle eines dreiteiligen Theaterabends, der mit Petrellas Oper «Jone» begann und mit einem Ballett «La Contessa d'Egmont» endete. [30]

*Puccini und der Dichter
Ferdinando Fontana*

*Programmzettel
der letzten Auf-
führung von «Le
Willis» im Teatro
dal Verme*

Le Willis rief beim Publikum einen Sturm der Begeisterung hervor. *Riesiger Erfolg,* telegrafierte Puccini gleich nach der Vorstellung an seine Mutter, *alle Hoffnungen erfüllt. Achtzehn Hervorrufe. Erstes Finale dreimal wiederholt. Bin glücklich. Giacomo.*[31] Auch mit den Rezensionen konnte der Opern-Debütant zufrieden sein: sie waren nicht nur beifällig, sondern zum Teil sogar überschwenglich. Der Kritiker Gramola schrieb im «Corriere della Sera» die bedeutungsvollen Worte: «Kurz, wir glauben fest, daß Puccini jener Komponist ist, den Italien seit langer Zeit erwartet.» Viel Spott mußte sich die «arme Kommission» des Preisausschreibens gefallen lassen, da sie sich in der Meinung der Kritiker blamiert hatte.

Wenige Tage nach der Premiere, am 8. Juni 1884, veröffentlichte die «Gazetta Musicale di Milano» folgende Anzeige: «Tito Ricordi, Musikverleger in Mailand, Rom, Neapel, Florenz, London, Paris, gibt bekannt, daß er für die Oper *Le Willis,* Text von Ferdinando Fontana, Musik von Giacomo Puccini, die mit ungeheurem Erfolg am Teatro dal Verme in Mailand aufgeführt worden ist, die ausschließlichen und sämtlichen Druck-, Aufführungs- und Übersetzungsrechte für alle Länder erworben hat. Des weiteren hat er den Maestro Puccini mit der Komposition einer neuen Oper auf einen Text von Ferdinando Fontana beauftragt.»

Die Bindung an Italiens größten und einflußreichsten Musikverlag bedeutete für den jungen Komponisten einen gewaltigen Schritt nach vorne. Puccini stand vom ersten Tag seiner Opernlaufbahn an unter der Schutzherrschaft Ricordis, er hat diesem traditionsreichen Musikverlag sein Leben lang die Treue gehalten. Mit Ausnahme eines einzigen Werks (*La rondine,* erschienen bei Sonzogno) sind sämtliche Opern Puccinis von Ricordi betreut worden.

Der Einfluß des Musikverlegers begann bald seine Auswirkungen zu zeitigen: die Oper, die vom Komponisten einer Neufassung unterzogen und in zweiaktige Form umgearbeitet worden war, gelangte am 28. Dezember 1884 im Teatro Regio in Turin zur Aufführung – diesmal unter dem endgültigen Titel *Le Villi.* Wiederum ein großer Erfolg, obwohl sich der Komponist mit der Wiedergabe nicht einverstanden zeigte. Wenige Wochen danach, am 24. Januar 1885, erreichte das Werk die Mailänder Scala. Diesmal war die Aufnahme jedoch verhältnismäßig kühl. *Le Villi* wurde in Neapel (1885), Buenos Aires (1886) und in vielen anderen Städten gegeben. Die deutsche Erstaufführung erfolgte 1892 in Hamburg. Theodor Hentschel, damals Kapellmeister am Hamburger Stadttheater, war der Dirigent der Aufführung.

Die Oper *Le Villi* trug dem Komponisten nicht allein Erfolg, sondern auch den langersehnten finanziellen Ertrag ein. Freilich blieb dem jungen Künstler von seinen Einkünften nicht viel übrig, denn es waren große Summen an Schulden zu begleichen. Zur Zeit der Uraufführung der Oper hatte sich Puccini auf dem Tiefpunkt seiner materiellen Lage befunden.

Ich kam mit 40 Centesimi in der Tasche ins Theater. Es war mein ganzes Vermögen. Und mein Anzug, ein ganz unfeierlicher, kaffeebrauner, in dem ich mich auf die Beifallsrufe hin vor dem Vorhang zeigen mußte, war der einzige, den ich besaß. Aber wenige Tage später erwarb Giulio Ricordi die Rechte für die Oper und überreichte mir den ersten Tausend-Lire-Schein meines Lebens.[32]

Ungewöhnlicher Erfolg für ein Werk, das in höchster Eile, ohne jegliches tiefere Konzept entstanden war (nie wieder hat Puccini eine Oper in ähnlich kurzer Zeit geschrieben). Obwohl Puccinis erster Opernversuch manche Züge des Unfertigen und Unbeholfenen aufweist, obwohl sich darin manches findet, was für das spätere Werk des Komponisten völlig untypisch ist (wie etwa die reichliche Verwendung des Balletts), kommt in *Le Villi* vieles zum Erklingen, das Puccinis ureigenste Signatur trägt. In den Gesängen des Liebespaars Anna und Roberto haben wir den Komponisten «wie er leibt und lebt» vor uns, die beiden Figuren (Sopran und Tenor) sind mit berührender Innigkeit dargestellt. In Anna und Roberto lernt man zwei Grundtypen aus Puccinis Opernwelt kennen: die hingebungsvolle, opferbereite Frauengestalt und den zärtlich liebenden, doch schwachen und wankelmütigen Mann.

Musikalisch findet man in dieser Oper manche Vorwegnahme von musikalischen Gedanken aus Puccinis späterem Schaffen. So weist das ungemein ausdrucksvolle Andante religioso (*O sommo iddio*) Verwandtschaft mit jenem Thema auf, das beim ersten Auftreten des «Unbekannten Prinzen» in *Turandot* erklingt. Diese Stelle ist übrigens ein frühes Beispiel jener Sequenzentechnik (Wiederholung eines markanten Motivs auf verschiedenen Tonstufen), die fortan zu den auffallendsten Kennzeichen von Puccinis Tonsprache zählt.

stin quest'è la me - ta Fa che il per –

do - no, fa che il per-don la ren - da lie - ta ..

Das Werk bezieht seinen Stoff aus der Sagenwelt des süd-osteuropäischen Raums. Die Wilis (oder Vilis) sind Mädchen, die aus Gram über die Untreue ihrer Liebhaber sterben und sich nach ihrem Tod in feenhafte Wesen (in manchen Versionen auch in Schwäne) verwandeln. In Bühnenstücken und Tanzspielen hat dieses Thema oft Verwendung gefunden, das bekannteste Beispiel ist Adolphe Adams Ballett «Giselle ou Les Willis».

Was Puccini mit *Le Villi* (etwa mit «Die Feen» zu übersetzen) angestrebt hat, war ein Werk deutsch-romantischer Prägung. Wie viele andere italienische Komponisten seiner Generation stand auch Puccini in seinen Anfangsjahren stark unter dem Eindruck Richard Wagners, wenn auch bei weitem nicht mit jener Einseitigkeit, die manche Künstler der jungitalienischen Schule an den Tag legten. Die Wahl des Schauplatzes (die Oper spielt in Deutschland, im Schwarzwald), die starke Hervorkehrung des Symphonischen (in die zweiaktige Fassung hat Puccini einen groß angelegten «parte sinfonico» eingefügt), die Verwendung von symbolischen Tonmotiven – all dies deutet auf das Vorbild Wagner hin.

In den Briefen Giuseppe Verdis findet sich eine Notiz, die auf das symphonische Element in *Le Villi* Bezug nimmt. «Ich habe sehr viel Gutes über den Musiker Puccini gehört», schreibt Verdi am 10. Juni 1884 an Conte Arrivabene, «er folgt den modernen Tendenzen, und das ist natürlich, aber er bleibt der Melodie verbunden, die weder modern noch alt ist. Es scheint jedoch, daß das symphonische Element bei ihm überwiegt! Nichts Schlimmes. Nur muß man damit vorsichtig umgehen; Symphonie ist Symphonie, und ich halte es in der Oper nicht für schön, ein symphonisches Stück nur zum Spaß zu machen, das Orchester tanzen zu lassen.»[33]

Die Besorgnis, die Verdi in seinem Brief – übrigens die einzige bekannte schriftliche Äußerung des Komponisten über Puccini – zum Ausdruck bringt, war unbegründet. Nur in seinen Frühwerken ließ Puccini ab und zu «das Orchester tanzen», von seiner dritten Oper *Manon Lescaut* an bleibt die Symmetrie aller musikalisch-dramatischen Faktoren gewahrt. Puccini hat in seinem späteren Schaffen einen ganz anderen Weg eingeschlagen, als dies in *Le Villi* sichtbar wird. Für das Operngeschehen seines Zeitalters war jedoch gerade dieses Werk von starker Nachwirkung. Namentlich die Komponisten der Verismo-Richtung haben daraus viel entnommen. Der Typus der Kurzoper, das symphonische Intermezzo (ein fixer Bestandteil der Verismo-Oper) – all das geht auf das Vorbild von *Le Villi* zurück. Mascagnis «Cavalleria rusticana» ist dafür ein markantes Beispiel. In diese Oper ist sogar ein Teil der melodischen Substanz aus Puccinis Frühwerk übergegangen. (Mascagni war ein guter Kenner des Werks, er hatte bei der Uraufführung als Orchestermusiker mitgewirkt.) In einer Briefnotiz aus dem Jahre 1895, zu einem Zeitpunkt, da sich Mascagnis Oper bereits die Spielpläne aller Welt erobert hatte, nahm Puccini zu diesem prekären Punkt Stellung: *«Le Villi» haben einen Typus initiiert, den man heutzutage «mascagnano» bezeichnet, und niemand läßt mir Gerechtigkeit widerfahren. Momentan bin ich darüber sehr verärgert.*[34]

Edgar

Reines, ungetrübtes Glück hat Puccini zeitlebens nur selten erfahren. Und oft waren es gerade die Augenblicke des großen Erfolgs, die ihm zugleich die schmerzlichsten Erfahrungen eintrugen. So war auch der Triumph seiner ersten Oper durch ein tragisches Ereignis verdunkelt: Puccinis Mutter starb am 17. Juli 1884, nur wenige Wochen nach der Uraufführung von *Le Willis*. Puccini war mit großer Liebe und Ehrfurcht an seiner Mutter gehangen, und auch er hatte von ihr stets Bevorzugung unter allen seinen Geschwistern erfahren. Albina Puccini war eine musikalisch gebildete Frau, in der sich autoritäre Härte mit Charakterfestigkeit und Gerechtigkeitssinn verbanden. Von Anfang an war sie von der hohen Bestimmung ihres Lieblingssohns überzeugt gewesen, und zwar als einzige in der Familie. Für Giacomo nahm sie alle erdenklichen Opfer auf sich, und sogar als Sterbenskranke durchwachte sie mit ihm die Nächte, als er an seiner Oper arbeitete. An seine Schwester Ramelde schrieb Puccini im August 1884: ... *ich denke immer an sie, und gestern nachts hat mir von ihr geträumt. Heute bin ich noch trauriger als sonst. Welche Erfolge mir die Kunst auch schenken mag, ich werde nie ganz zufrieden sein, weil mir meine liebe Mama fehlt.*[35]

Diese Worte bedeuten weit mehr als bloßen Ausdruck einer momentanen, durchaus begreiflichen Schmerzempfindung. Puccini hat vielmehr den frühen Verlust seiner Mutter sein Leben lang nicht verwunden. Sein gesamtes künstlerisches Werk spiegelt diesen Schmerz wider. Die Idealisierung der Frauengestalten in Puccinis Opern deutet auf diese Mutter-Verehrung hin. Und auch im realen Leben befand sich der Künstler un-

«Edgar». Autograph der Partitur, Finale des III. Akts

entwegt auf der Suche nach einem Ersatz für jenes hohe Frauenideal, das
er in seiner Mutter kennengelernt hatte. Man kann in dieser (letzten Endes vergeblichen) Suche eine Erklärung für die unzähligen Liebschaften
finden, die Puccini im Laufe seines Lebens angeknüpft hat.

In diese verwirrende Periode höchsten Glücks und tiefster Trauer fällt die schicksalhafte Begegnung mit Elvira Gemignani, mit jener Frau, die fortan in Puccinis Leben eine wichtige, mitunter sogar verhängnisvolle Rolle spielen sollte. Elvira (geborene Bonturi) stammte aus Lucca, sie war um zwei Jahre jünger als Puccini – man kann also annehmen, daß sich beide schon seit langem gekannt hatten. Elvira war mit dem Geschäftsmann Narciso Gemignani verheiratet, einem Jugend- und Schulfreund Puccinis. Aus dieser Ehe stammten zwei Kinder: das Mädchen Fosca und ein Knabe namens Renato. Die Geschichte begann zunächst harmlos. Elvira nahm bei Puccini Gesangsunterricht. Bald aber entwickelte sich daraus eine leidenschaftliche Liebesbeziehung, die schließlich dazu führte, daß Elvira ihre Familie verließ und zusammen mit ihrer Tochter Fosca zu Puccini in dessen Mailänder Wohnung zog.

Es läßt sich unschwer ausmalen, welchen Skandal dieses Vorkommnis im kleinstädtischen Lucca auslöste. Es kam zu überraschenden Reaktionen: so rückte Dr. Cerù, der den Musikstudenten so großzügig unterstützt hatte, plötzlich mit Geldforderungen heraus, mit der Begründung, wenn sich Puccini eine Geliebte leisten könne, dann müsse er auch imstande sein, die vorgestreckten Geldsummen zurückzuerstatten.

Ähnlich wie einstmals Verdi war von nun an auch Puccini mit dem Makel einer «sündigen» Verbindung behaftet – und dies für viele Jahre seines Lebens. Zunächst sah sich der junge Komponist einer Situation ausgeliefert, der er kaum gewachsen war. Unversehens hatte er eine Familie zu erhalten (1886 gebar ihm Elvira einen Sohn, der den Namen Antonio erhielt). Überdies mußte er seinen Bruder Michele, der nach Südamerika ausgewandert war, finanziell unterstützen. Von den meisten seiner Angehörigen gemieden, ohne handgreifliche Zukunftsaussichten, durch den Tod seiner Mutter des letzten seelischen Halts beraubt – dies alles bedeutete für ihn eine Belastung, die über seine Kräfte ging.

Ein Brief Puccinis an seinen Bruder Michele gibt ein deutliches Bild dieser sorgenvollen Existenz wieder: *Dr. Cerù hat mich aufgefordert, ihm das Geld zurückzugeben, das er während meiner Studienzeit in Mailand für meinen Unterhalt ausgelegt hat, zusätzlich der Zinsen bis zum heutigen Tag. Er behauptet, ich hätte mit «Le Villi» 40000 Lire verdient. Ich schicke ihm nun, statt jeder Antwort, die Abrechnung von Ricordi, dann wird er selbst sehen. In Wahrheit sind es lediglich 6000 Lire auf mein Teil. Was für ein Unterschied! Ich hätte so etwas nie erwartet! Hier ist der Apotheker, der mich bedrängt, und ich muß auch Deine Rechnung bezahlen, 25 Lire. Ich bin in der größten Verlegenheit. Ich weiß nicht, wie das weitergehen soll. Die monatlichen 300 Lire beziehe ich weiterhin von Ricordi, aber auf Vorschuß. Für mich reicht das nicht aus, und in jedem Monat häufen sich die Schwierigkeiten. Dann bricht alles über mich herein, und davor soll mich Gott bewahren! Wenn ich einen Weg sähe, Geld zu verdienen, würde ich auch dorthin gehen, wo Du bist. Was soll ich tun? Am besten, alles liegen- und stehenlassen und abreisen. Schreibe mir immer und oft, und informiere mich genau über alles, was Du treibst ... Gestern nacht habe ich bis drei gearbeitet und dann ein Bündel Zwiebeln gegessen.*

Allen Ernstes überlegte er, ebenso wie sein Bruder nach Südamerika auszuwandern. *Ich bin bereit, augenblicklich bereit zu kommen, sobald Du mir schreibst. Ich komme, und mit Hilfe von «guten Geistern» wird sich schon etwas finden. Aber ich brauche Geld für die Reise, darauf muß ich Dich vorbereiten!*[36]

In dieser unruhigen, sorgenvollen Lebensphase entstand Puccinis zweite Oper *Edgar*: in langsamer, mühseliger Arbeit. Vom Sommer 1884 bis zum Herbst 1888 währte seine Beschäftigung mit diesem wunderlichen Werk, das jedem Beurteiler eine Reihe von Rätseln aufgibt. Denn die Handlung von *Edgar* enthält so viel an Unwahrscheinlichkeiten und Abstrusitäten, daß manches darin wie eine Parodie auf die Kunstform Oper anmutet. Als Vorlage für das Libretto diente das Versdrama Alfred de Mussets «La Coupe et les lèvres» (Der Kelch und die Lippen). Allerdings hat der Textdichter Fontana das Thema auf überaus unkünstlerische Art verarbeitet. Die Titelgestalt des Stücks (eine große Tenorrolle, die Puccini dem Sänger Tamagno zugedacht hatte) wird von zwei Frauen geliebt: der treuen, opferbereiten Fidelia (Sopran) und der dämonisch-verführerischen Tigrana (Mezzo). Unschwer läßt sich aus diesem Schema das Vorbild der Oper «Carmen» erkennen. Edgar ist wie Don José ein schwankender «Held», zwischen Himmel und Hölle hin und her gerissen. (Zu diesem Typus scheint Puccini eine besonders innige Verwandtschaft besessen zu haben.)

Die Musik zu *Edgar* ist keineswegs so unbedeutend, wie dies in manchen älteren Puccini-Biographien dargestellt wird. Von der frühlingshaften Frische, die in *Le Villi* so glücklich zum Vorschein kommt, ist in diesem düsteren Werk freilich nichts zu finden. Der Oper haftet ein angestrengter, mitunter sogar gequälter Zug an. Nie wieder hat Puccini so komplizierte Tonstrukturen geschaffen wie für die Arien, Duette, Ensembles in *Edgar*. Hingegen tritt Puccinis musikalisch-malerisches Talent in vielen Abschnitten des Werks glänzend hervor. Die stärksten Momente in *Edgar* sind die Szenen, die im kirchlichen Bereich spielen. (Dieses Milieu hat auf Puccini stets große Anziehungskraft ausgeübt.) Höhepunkt des Werks ist die große Trauermusik (*Requiem aeternam*) am Beginn des dritten Akts.

Puccini selbst hat sich in späteren Jahren sehr kritisch über *Edgar* geäußert. *Vom dramatischen Standpunkt aus war die Oper ein kranker Organismus. Ihr Erfolg war kurz. Zwar weiß ich, daß ich darin einige Seiten geschrieben habe, die mir Ehre machen – aber das ist nicht genug, für eine Oper ist es nichts. Die Grundlage einer Oper ist das Sujet und seine Bearbeitung. Als ich das Libretto von Edgar komponierte, habe ich, mit allem*

Die Mailander Scala, Innenraum

Respekt vor meinem Freund Fontana, einen Schnitzer begangen. Es war weit mehr mein Fehler als seiner.[37]

Die noble Art, mit der Puccini seinen Textdichter entschuldigt hat, darf jedoch nicht darüber hinwegtäuschen, daß es in erster Linie das schlechte Libretto war, das den Erfolg der Oper verhinderte. Mit *Edgar* endete die Zusammenarbeit Puccinis mit Fontana – eine Lösung, die für den Komponisten nur von Vorteil sein konnte. (Auch der Text zu *Le Villi* ist alles andere als ein Meisterwerk.) Fontana hat durch seine Überheblichkeit und Intoleranz – Eigenschaften, die bei mittelmäßigen Begabungen häufig anzutreffen sind – dem Komponisten manche peinliche Situation bereitet.

Die Premiere der Oper ereignete sich am Ostersonntag, dem 21. April 1889, an der Mailänder Scala. Die Aufführung stand unter ungünstigen Sternen. Puccini hatte große Hoffnungen auf Tamagno gesetzt, doch der Sänger stand wegen einer Auslandsverpflichtung nicht zur Verfügung. Krankheitsfälle und andere Mißgeschicke schoben den Premierentermin bis gegen das Ende der Spielzeit hinaus. Die Aufführung wurde von Franco Faccio geleitet, die Sänger waren Gregorio Gabrielesco (Edgar),

Aurelia Cataneo (Fidelia), Romilda Pantaleoni (Tigrana), Antonio Magini-Coletti (Frank). Die Aufnahme durch das Publikum war freundlich, Puccini konnte seiner Schwester Nitteti sogar von einem *kolossalen Triumph* berichten: ... *am ersten Abend gab es sieben Wiederholungen und vierzig Hervorrufe, am zweiten wären es zehn gewesen, wenn man sie bewilligt hätte.*[38]

Die zustimmende Reaktion des Premierenpublikums (von Puccini wohl ein wenig übertrieben dargestellt) konnte jedoch nicht darüber hinwegtäuschen, daß *Edgar* letzten Endes ein Mißerfolg war. Die Kritik verhielt sich ziemlich einmütig ablehnend, und nach drei Aufführungen verschwand das Werk vom Spielplan der Scala. Puccini hat die Oper bald danach einer Umarbeitung unterzogen und die vier Akte der Urfassung auf drei reduziert. In dieser neuen Form kam das Werk mehrmals zur Aufführung: 1892 in Ferrara, im selben Jahr in Madrid (diesmal mit Tamagno). In den Jahren 1901 und 1905 fügte Puccini neue Veränderungen in die Partitur ein. Obwohl sich einige dieser Wiedergaben als erfolgreich erwiesen, stimmt die Ansicht des Puccini-Biographen Adami, daß dem Werk auf der Opernbühne «kein rechtes Glück» beschieden war.[39]

Aus der Entstehungszeit von *Edgar* stammen einige kammermusikalische Arbeiten Puccinis: zwei Menuette für Streichquartett sowie einen größeren Kompositionssatz (ebenfalls für Streichquartett), dem er den Namen *Crisantemi* gab. *Ich habe es in einer Nacht geschrieben anläßlich des Tods von Amedeo di Savoia*[40] (einem Bruder des Königs Umberto I.). Das Quartett *Crisantemi* ist im Januar des Jahres 1890 entstanden. Zwei Themen aus dieser schmerzerfüllten, elegischen Komposition hat Puccini im Schlußbild seiner Oper *Manon Lescaut* wieder verwendet.

Manon Lescaut

Die bitterste Erfahrung, die Puccini mit *Edgar* machte: das Werk, an dem er so lang und mühevoll gearbeitet hatte, brachte ihm keinen nennenswerten finanziellen Ertrag ein, an seiner tristen Lage änderte sich vorläufig nichts. Und doch war Puccini insofern vom Glück begünstigt, als er in Giulio Ricordi einen verständnisvollen, hilfreichen Mentor besaß. Giulio Ricordi (1840–1912) verkörperte bereits die dritte Generation der berühmten Mailänder Verleger-Dynastie. Im Jahre 1888 hatte er von seinem Vater Tito (dem großen Förderer Verdis) die Agenden des Verlags übernommen. «Signor Giulio» (oder «Don Giulio»), wie ihn Puccini alsbald freundschaftlich nannte, war ein geistvoller Mensch von profunden musikalischen Kenntnissen, der sich auch als Kritiker, Musikschriftsteller und sogar als Komponist (unter dem Pseudonym J. Burgmein) betätigte. Sein Einfluß auf das italienische Musikleben war bedeutend. Ricordi hatte die Möglichkeit, in die Spielpläne der Opernhäuser einzugreifen, er konnte Uraufführungsorte, Rollenbesetzungen usw. bestimmen. Auf seine diplomatische Erfahrung, auf seinen Geschäftssinn und seine Gabe, Talente ausfindig zu machen, hielt er sich viel zugute.[41]

Für Puccini, den er wegen seines «aristokratischen» Aussehens scherzhaft «Doge» nannte, hegte er von allem Anfang an höchste Sympathie. Sein Glaube an die Zukunft des Komponisten war so groß, daß er – gegen den Willen der Aktionäre seines Verlags – auch nach dem Mißerfolg von *Edgar* weiter an ihm festhielt, ja sogar die Bindung noch verstärkte. Ricordi behandelte den um achtzehn Jahre jüngeren Komponisten wie einen Sohn und ließ ihm viele Vergünstigungen zuteil werden (so hatte er ihn 1889 zu einem Besuch der Festspiele in Bayreuth entsandt). Puccini war der Künstler, auf den er seit *Le Villi* voll und ganz baute. Er war sich dabei seiner Sache so sicher, daß er den bisherigen Favoriten seines Verlags, den Opernkomponisten Catalani, von nun an vollkommen fallenließ. Das Verhalten gegenüber Catalani zeigt wiederum die schroffen, unnachsichtigen Seiten dieses Potentaten im Reich der italienischen Musik auf.

Sechs Tage nach der Premiere von *Edgar* lud Ricordi den Komponisten und den Textdichter für eine ernste Aussprache zu sich. Es scheint dies ein stürmisches, heftiges Gespräch gewesen zu sein. Am Tag darauf schrieb Ricordi folgende Zeilen an Puccini: «Geliebtester Maestro! Die lange Diskussion der vergangenen Nacht hat mich sehr aufgeregt. Die Folge davon war, daß ich die ganze Nacht nicht zur Ruhe kommen konnte … Bei Gott, man ist nicht umsonst ein Puccini! Und wenn man in der Blüte des Lebens steht, darf man vor Problemen nicht zurückschrecken und die Schwierigkeiten nicht schwärzer sehen als sie sind … Ich, der ich weder Dichter noch Künstler oder Opernkomponist bin, glaube trotz allem an den Wert von *Edgar*. Ich habe in diesem Werk mit Klarheit Ihre ganze Begabung erkannt, Ihr ganzes Versprechen für die Zukunft. Aber um diese Hoffnungen zu verwirklichen, ist es notwendig, einem Motto zu folgen: Excelsior!»[42]

Ob es Ricordis aufmunternder Zuspruch war oder ob sich der Komponist aus eigenem zu neuer künstlerischer Energie aufraffte – jedenfalls ist es ein völlig neuer, umgewandelter Puccini, der uns in seiner dritten Oper entgegentritt. Nach dem düsteren, verworrenen Traumzustand von *Edgar* folgte nun das Tagwerden, das helle, klarsichtige Erwachen.

Zum erstenmal war es Puccini selbst, der ein Opernsujet in Vorschlag brachte. Es war dies der berühmte Roman «Histoire du Chevalier des Grieux et de Manon Lescaut» von Abbé Prévost. Durch Zufall war das Buch in seine Hände gelangt – und sogleich fühlte er sich für dieses Sittengemälde aus dem Jahre 1731 aufs höchste entflammt. «Das Drama der schönen Sünderin, die schmachtende Leidenschaft des Chevalier des Grieux, das geschwätzige und geschminkte Milieu des Settecento, ließen ihn sofort die theaterkräftige Oper erkennen.» (Fraccaroli)[43] *Endlich eine*

Puccini zur Zeit der Entstehung von «Manon Lescaut» (1892)

Heroine, an die ich glauben kann, schrieb er voll Begeisterung an Ricordi, *und ich bin ganz sicher, daß sie die Herzen des Publikums für sich gewinnen wird.*[44]

Allerdings versuchte Ricordi mit aller Eindringlichkeit, Puccini von diesem Vorhaben wieder abzubringen. Und zwar aus einleuchtenden Gründen. Das Manon-Thema war erst kurz vorher zu einem Opernstoff bearbeitet worden: «Manon» von Jules Massenet. Diese Oper war 1884 mit ungeheurem Erfolg in Paris zur Erstaufführung gelangt und zählte seither zu den meistgespielten Werken der neuen Opernkunst. Gegen ein derartig erfolgreiches Werk durch eine Zweitvertonung «ankämpfen» zu wollen, mußte dem alten Praktiker Ricordi als allzu riskant erscheinen. Er versuchte daher, Puccini für andere Themen zu interessieren. Zuerst war von einer Opernbearbeitung nach Shakespeares Königsdramen die Rede (dazu war der Dramatiker Marco Praga als Librettist ausersehen)

Puccini mit seinem Sohn Tonio. Um 1890

Giulio Ricordi

dann von einem Sujet, das in Rußland spielte und eine große Frauenrolle enthielt. Verfasser dieses Entwurfs (über den nichts Näheres bekannt geworden ist) war der Dichter Giuseppe Giacosa. Puccini befaßte sich einige Zeit mit diesem Thema, doch nahm er bald wieder davon Abstand. *Diese Russin macht mir angst,* teilte er Ricordi mit, *und um die Wahrheit zu sagen, sie überzeugt mich wenig ... Soll ich eine Arbeit liefern, in die ich mich nicht völlig hineinleben kann?* [45]

Völlig hineinzuleben vermochte er sich hingegen in die leidenschaftserfüllte Welt der *Manon Lescaut.* Puccini war von diesem Sujet so sehr begeistert, daß Ricordi schließlich seine Skepsis überwand und dem Vorhaben zustimmte. Anscheinend übte die schwierige Ausgangsposition so etwas wie einen Ansporn auf den Komponisten aus. Dieser merkwürdige Hang, gegen Barrieren, gegen aussichtslose Situationen anzukämpfen, trat bei Puccini auch in seinen beiden nächsten Opern *La Bohème* und *Tosca* in Erscheinung. Und jedesmal stellte sich dabei heraus, daß er einem völlig richtigen Instinkt gefolgt war.

Puccinis Feuereifer konnte jedoch nicht verhindern, daß es im Zug der Arbeit zu zahlreichen Pannen kam. Die größte aller Schwierigkeiten bereitete das Libretto. Puccini hat in späteren Zeiten über das Textbuch von *Manon Lescaut* gesagt, es stamme *von allen und keinem*[46]. Tatsächlich läßt sich bei der großen Zahl von Mitarbeitern kaum unterscheiden, welche Teile des Texts von welchen Autoren geschrieben worden sind. Den ersten Entwurf überbrachte Ruggiero Leoncavallo, an dessen musikalisch-literarischer Doppelbegabung Ricordi zu dieser Zeit Interesse zeigte. (Leoncavallo wechselte jedoch bald darauf zu Sonzogno über.) Puccini fand an diesem Text nur wenig Gefallen. Nun wurde Marco Praga zur Arbeit herangezogen, ebenso der Dichter Domenico Oliva, der mit der Herstellung der Verse betraut wurde. Puccini war mit der Arbeit der beiden Autoren fast immer unzufrieden und verlangte unentwegt Verbesserungen, Änderungen. Zum erstenmal spielte sich jene «Schlacht um das Libretto» ab, die in Hinkunft den Textautoren Puccinis wahre Martyrien bereiten sollte. Auch dies ein Indiz dafür, daß Puccini nun ein «ande-

Manon Lescaut und Chevalier des Grieux. Illustration von Tony Johannot zu Abbé Prévosts Erzählung (1839)

Benjamino Gigli (1890–1957)
als des Grieux in «Manon Lescaut»

rer» geworden war, denn Fontanas einfältige Verse hatte er ohne allzu viele Änderungswünsche in Musik gesetzt. Von nun aber legte er in seinen Anforderungen an die Librettisten eine Härte und Unduldsamkeit an den Tag, die mit seiner sonst so sanften, nachgiebigen, sogar schüchternen Wesensart kaum in Einklang zu bringen war. Aber auch in diesem Punkt stellte sich fast immer heraus, daß er sich mit seinen Einwänden auf dem rechten Weg befand.

In seinen Briefen an Ricordi bezeichnete er die Arbeit Pragas und Olivas als scheußlich, geschraubt, geschwollen, als viel zu lang. Schließlich wurden die beiden Textdichter dieser ewigen Streitigkeiten und Quälereien überdrüssig. Zuerst trat Praga von seiner Verpflichtung zurück, wenig später folgte Oliva. In dieser kritischen Lage wandte sich Ricordi an Giuseppe Giacosa, der zwar eine Aufgabe dieser Art nicht übernehmen wollte, doch dafür einen jungen Dichter aus seiner Bekanntschaft empfahl: Luigi Illica. Zum erstenmal traten damit die beiden wichtigsten

Opernlibrettisten Puccinis in den Umkreis des Komponisten – wenn auch diesmal nur als Nebenfiguren. Illica hat schließlich der Oper das letzte dramatische Gefüge gegeben. Auf seine Anregung hin wurden einige belebende Episoden in das Stück eingebaut, wie etwa der Friseur und der Tanzmeister im zweiten Bild, der Laternenanzünder im dritten Bild. (Dieser Sinn für solche geschickt angebrachte Auflockerungen und Verzögerungen zeichnet alle Operntexte aus, an denen Illica mitgewirkt hat.)

Außer den genannten Namen sind noch als Autoren zu nennen: Ricordi und Puccini. Ricordi hat nicht nur Wort für Wort den Operntext mit dem Komponisten und den Dichtern durchgesprochen, er hat selbst Korrekturen vorgenommen und Textstellen eingefügt (so stammen die Schlußworte des dritten Akts von ihm). Und Puccini hat von allem Anfang an die Textgestaltung so entscheidend mitbestimmt, daß er rechtens unter den Librettisten der Oper hätte genannt werden müssen. In Wahrheit erschien bei der Uraufführung der Oper kein einziger Autorenname auf dem Programmzettel. Die Situation war zuletzt so kompliziert geworden, daß man sich auf diese etwas ungewöhnliche Lösung einigte.

Die Arbeit an der Komposition von *Manon Lescaut* währte vom Sommer 1890 bis zum Spätherbst 1892. Während dieser Zeit änderte sich nichts an Puccinis bedrückenden Lebensverhältnissen. Ein Dasein in Ungewißheit und Sorge, dessen einzige materielle Quelle aus den Zuwendungen und Vorschüssen Ricordis bestand. Auf den Erfolg von *Manon Lescaut* setzte Puccini alle seine Hoffnungen, mehr noch: er machte seine ganze Zukunft davon abhängig. Zu Giulio Gatti-Casazza, dem späteren berühmten Operndirektor, sagte er damals: ... *wenn diese Oper kein Erfolg wird, suche ich mir eine andere Profession.*[47]

Die Komposition der Oper erfolgte an verschiedenen Orten. Vom Sommer 1890 bis in den Winteranfang 1891 lebte Puccini mit seiner Familie im schweizerischen Gebirgsdorf Vacallo (nahe der italienischen Grenze). Solche Aufenthalte in Abgeschiedenheit und Stille wurden ihm von nun an immer mehr zum Bedürfnis. Das Leben in den Großstädten begann ihm unerträglich zu werden, besonders das *schreckliche, seelenzerstörende Mailand*[48] wurde ihm zur Last, doch mußte er diese Stadt wegen der Verhandlungen mit Ricordi oft aufsuchen.

In Vacallo traf Puccini einen guten Bekannten: Ruggiero Leoncavallo, der sich ebenfalls hierher zurückgezogen hatte, um an seiner Oper «I Pagliacci» zu arbeiten. Die beiden Komponisten wohnten einander gegenüber, jeder hatte an seinem Haus eine Fahne angebracht: auf der einen war ein Bajazzo abgebildet, auf der anderen eine große Hand (aus dem Gleichklang von «Manon» und «mano» [die Hand] abgeleitet).[49]

Einen Großteil des Jahres 1891 verbrachte der Komponist in Lucca, die letzten Arbeiten an der Oper wurden in jenem Ort vollzogen, der bald darauf zu Puccinis Hauptwohnsitz werden sollte: in Torre del Lago.

In die Entstehungszeit von *Manon Lescaut* fielen einige Ereignisse, die

Pietro Mascagni (1863–1945), von Puccini karikiert

dem Komponisten sehr nahegehen mußten. Mascagnis Oper «Cavalleria rusticana» hatte 1888 den ersten Preis im Sonzogno-Wettbewerb gewonnen und gelangte am 17. Mai 1890 mit großartigem Erfolg am Teatro Costanzi in Rom zur Uraufführung. Mascagni war damit zum «Mann des Tages» der Opernwelt geworden. *Habt Ihr gehört, welch großen Erfolg Mascagni hatte?* schrieb Puccini an seine Schwester Tomaide (auch Dide genannt). *Er war gestern hier, hat sogar bei mir gegessen.*[50] Zwei Jahre später erlebte Leoncavallo mit «I Pagliacci» (22. Mai 1892, Teatro dal Verme in Mailand) einen ähnlichen Triumph.

Eine andere, sehr traurige Begebenheit: der Tod von Puccinis Bruder Michele. Wie viele Italiener seines Zeitalters hatte Michele sein Heil in der Emigration nach Südamerika gesucht. Doch seine Hoffnungen waren grausam zerstört worden, er fand dort keine Möglichkeit, sich eine Existenz als Musiklehrer aufzubauen. Michele Puccini starb am 12. März 1891 in Rio de Janeiro am Gelbfieber, 27 Jahre alt.

Die Premiere von *Manon Lescaut* erfolgte am 1. Februar 1893 im Teatro Regio Turin. Cesira Ferrani sang die Manon, Giuseppe Cremonini den Cavaliere des Grieux, Dirigent war Alessandro Pomé. Große Begei-

Jules Massenet (1842–1912)

sterung des Publikums, 30 Hervorrufe für den Komponisten, überwiegend positive, zum Teil sogar enthusiastische Kritiken. Obwohl die Aufführung im Schatten eines musikalischen National-Ereignisses stand – Verdis «Falstaff» wurde nur acht Tage später an der Mailänder Scala zur Uraufführung gebracht –, vermochte sich Puccinis Oper sehr gut zu behaupten, sie wurde bald darauf in mehreren Opernhäusern Italiens gegeben und erschien noch im selben Jahr in Buenos Aires, Rio de Janeiro, St. Petersburg, Madrid und Hamburg. 1894 wurde *Manon Lescaut* in London (Covent Garden) aufgeführt. George Bernard Shaw, damals Musikkritiker der Zeitung «The World», schrieb eine überaus lobende Rezension, in der er Puccini als den «Erben Verdis» bezeichnete.[51]

Manon Lescaut brachte die ersehnte Wende in Puccinis Leben. Endlich ein durchgreifender Erfolg, endlich materieller Gewinn. Freilich stand Massenets «Manon» einer größeren Verbreitung von Puccinis Werk im Wege. Die beiden «Manons» forderten damals und fordern auch heute noch Vergleiche heraus. Puccini hat den Unterschied folgendermaßen charakterisiert: *Massenets Musik ist französisch empfunden: Puderquaste und Menuett. Die meine italienisch: Leidenschaft und Verzweiflung.*[52] Eine Formulierung, die leicht zu Mißdeutungen führen kann. Sicherlich war Puccini als Musiker und Operndramatiker durch und durch Italiener. Und doch darf das französische Element seines Wesens nicht übersehen

50

werden. Nicht nur die Wahl seiner Sujets deutet darauf hin – ein großer Teil seiner Opern spielt entweder in Frankreich oder beruht auf französischen Vorlagen –, auch in der Musik gelangt die «französische Note» (seine Verbundenheit mit der Tonwelt Bizets, Thomas', selbst Massenets und später auch Debussys) ganz unverblümt zum Vorschein. Puccini war «der Franzose unter den italienischen Komponisten», wie dies Julius Korngold ausgedrückt hat.[53]

Musikalisch ist *Manon Lescaut* – im Gegensatz zu Massenets sentimental-weichlicher Vertonung – ein schroffes, ungemein kraftvolles Werk, das weit weniger musikalischen «Süßstoff» enthält als die meisten der

Puccini in jungen Jahren

nachfolgenden Opern Puccinis. Ein ähnlich stürmisches, leidenschaftliches Liebesduett wie das *Tu, tu, amore* im zweiten Akt hat Puccini nie wieder geschrieben. Überhaupt erscheinen die Szenen des Liebespaares wie in einer Gloriole, in einer Entrückung und Verklärung, die an «Tristan und Isolde» gemahnt. (Tatsächlich sind einige Wendungen aus Wagners Oper in Puccinis Partitur übergegangen.) Die typische Tonsprache Puccinis mit ihren Quintenparallelen, den Ostinato-Figuren, den dicken Unterstreichungen der Kantilene durch gleichlaufende Instrumentalstimmen, den kleinen, prägnanten Motiven, dem «Zigeunerischen» (Korngold[54]) der Melodik und Rhythmik, die Verwendung musikalischer Urformen, die bis zum gregorianischen Choral zurückreichen – all dies findet sich in diesem Werk bereits vor, wenn auch noch in oft roher, ungeschmeidiger Form. Es ist sicher keine Fehleinschätzung, wenn man *Manon Lescaut* als das eigentliche Geniewerk Puccinis bezeichnet.

Einzelne Themen durchlaufen symbolhaft die Oper (richtige Leitmotive im Sinne Wagners hat Puccini nur selten verwendet). In Manons Arioso *In quelle trine morbide* [In diesen blassen Spitzen hier] klingt zum erstenmal jenes Thema auf, das als eine Art Schicksalsmotiv aufgefaßt werden kann, als Gleichnis für unerreichbare Hoffnungen, für zerstörtes Glück.

Man hat gelegentlich kritisiert, daß sich die Charaktere der beiden Liebenden musikalisch voneinander zuwenig abheben.[55] Ein Vorwurf, der kaum zu Recht besteht: denn sicherlich wollte Puccini gerade dieses Einssein darstellen, dieses vollkommene In-Einander-Verschmolzensein, das kein «Ich» mehr kennt.

Ein «wunder Punkt» der Oper ist das geradezu fragmentarisch und sprunghaft wirkende Libretto, dem die verworrene Entstehung anzumerken ist und das von der der formalen Geschlossenheit der Textvorlage zu Massenets Oper weit entfernt ist. Ein Problem auch der Schlußakt der Oper mit dem Tod Manons: so gehaltvoll Puccinis Musik zu dieser tragischen Duoszene auch ist – für den Abschluß der Oper reicht ihre dramatische Kraft nicht ganz aus. Das «krönende» Schlußduett, wie dies Verdi in seiner «Aïda» mit so hoher Vergeistigung gestaltet hat, sollte weder dem jungen noch dem späten Puccini je gelingen. Die Oper *Turandot* ist nicht zuletzt aus diesem Grund unvollendet geblieben.

Giacosa – Illica – Puccini

Die Schilderung von Torre del Lago steht in allen Litaneien über die heilige Jungfrau: turris eburnea, domus aurea, foederis arca – elfenbeinerner Turm, goldenes Haus, Arche des Bundes ... Hier habe ich die Abgeschiedenheit und Zurückgezogenheit gefunden, die für mich unbedingt notwendig ist, um zu komponieren.[56]

Puccini hatte das kleine, nicht fern von Lucca gelegene Fischerdorf am Lago Massaciuccoli zum erstenmal im Jahre 1884 aufgesucht. Seit damals zog es ihn immer wieder zu diesem stillen, weltfernen Ort, der damals nur aus ein paar Häusern und etwa 120 Einwohnern bestand. Ab 1891 erwählte er Torre del Lago zu seinem Wohnsitz. Zuerst mietete er sich mit seiner Familie in einem der kleinen alten Häuser des Dorfs ein, später

Torre del Lago. Im Hintergrund rechts Puccinis Villa

Torre del Lago: Puccinis Villa

Torre del Lago

übersiedelte er in eine geräumige Villa, die ihm ein italienischer Aristokrat (Conte Grottanelli) zur Verfügung stellte. Im Jahre 1900 erwarb er sich dort ein Haus, das so nahe am See gelegen war, daß das Wasser bis zum Zaun seines Gartens reichte.

Fast 30 Jahre lang war Torre del Lago Puccinis bevorzugter Aufenthalt. Hier entstanden von *La Bohème* an bis zu den ersten Skizzen zu *Turandot* nahezu alle seine Opernwerke. Torre del Lago war nicht der einzige Wohnsitz des Künstlers. Puccini besaß eine große Wohnung in Mailand (Via Giuseppe Verdi), in der er die Wintermonate zubrachte. Im Laufe der Jahre erwarb er sich Besitzungen in Abetone, Chiatri, Torre della Tagliata (alle im näheren Umkreis von Lucca). Mittelpunkt blieb aber immer das kleine, geliebte Dorf am See, sein *Paradies, Garten Eden, geistiger Springbrunnen, Königsschloß*[57].

Puccini unternahm viele und weite Reisen, er war in Frankreich, England, Nord- und Südamerika, in Ägypten, Rußland, Spanien, in Deutschland, Österreich, in der Schweiz, in Ungarn. «Doch immer wieder trieb ihn die Sehnsucht zurück nach Torre del Lago.» (Adami)[58]

Für viele Besucher Puccinis blieb es ein Rätsel, weshalb sich der Künstler gerade diesen Ort als Refugium ausgesucht hatte – dies in einem Land, das an malerischen Gegenden überreich ist. Torre del Lago ist in flacher, sumpfiger Landschaft gelegen, hat nichts Besonderes, nichts Ungewöhnliches zu bieten. Doch gerade dieses Abseitige, Weltferne war es, was den Komponisten hierherzog, was seine Phantasie anfeuerte. Und nicht zuletzt war es der Lago Massaciuccoli (jetzt Lago Puccini), der für den leidenschaftlichen Jäger, Fischer und Motorbootfahrer unentbehrlich wurde.

«Das Leben in Torre del Lago atmete Klosterruhe und Klosterfrieden», berichtet Fraccaroli.[59] Bei Tag widmete sich Puccini der Jagd auf das Kleinwild, das sich in den schilfigen Gebieten rund um den See aufhielt, er unternahm Vergnügungstouren mit dem Motorboot, in späteren Jahren auch Autofahrten. Die künstlerische Arbeit wurde in den Nachtstunden vollbracht. Etwa ab 22 Uhr «saß er am Klavier, vor sich einen riesigen Vorrat an Kaffee und Zigaretten, mit einem großen Bleistift und Mengen Notenpapier, und peinigte nervös die Klaviatur»[60].

Freilich war es nicht immer «Klosterruhe», die in Torre del Lago herrschte. Bei seinen Bootsfahrten, bei seinen Jagden hatte Puccini gerne Gesellschaft um sich, auch liebte er das Beisammensein in fröhlicher, unbeschwerter Männerrunde. Meist waren es einfache Menschen aus der ländlichen Umgebung, mit denen er verkehrte. Dazu kamen auch noch ein paar Künstler, die sich – dem prominenten Beispiel folgend – ebenfalls in dieser Gegend ansiedelten. Man traf in einem verfallenen Gasthaus zusammen, das dem Flickschuster des Orts gehörte, und oftmals kam es vor, daß die lärmende Gesellschaft von Trinkern, Rauchern und Kartenspielern die Abende im Hause Puccinis zubrachte – sehr zum Leidwesen

Puccini im Jagdkostüm

Jagdgesellschaft in Amerika

Elviras, die für diesen «populären» Zug ihres Mannes kein Verständnis aufbringen konnte.

Merkwürdigerweise kamen dem Komponisten gerade in dieser trivialen Sphäre oft die besten musikalischen Einfälle. Die zartesten, ergreifendsten Szenen aus *La Bohème* sind in dieser rauhen Umgebung entstanden. Richard Specht schreibt darüber: «Er empfand die Anwesenheit der Genossen nicht im mindesten als Störung, eher als Stimulans, wurde zor-

Mit dem Motorboot auf dem Lago Massaciuccoli

Der leidenschaftliche Autofahrer

nig, wenn sie in plötzlich bewußter Ehrfurcht vor dem schöpferischen Prozeß verstummten und einem der vom Meister auf dem Pianino angeschlagenen Akkorde nachlauschten, rief ihnen ein derbes Scheltwort hinüber und verlangte, daß sie weiterdebattierten und laut blieben, ohne sich um ihn zu kümmern: *sonst habe ich das Gefühl, daß ihr mir zuhört und das macht mich krank!* – worauf der Streit um Politik oder um eine verstümperte Kartenpartie weiterging und die Teilnehmer wiederum in schweren Tabakwolken verschwanden. Puccini hatte übrigens eine seltsame Gewohnheit: er behielt trotz seines überaus üppigen Haarwuchses fast immer den Hut auf dem Kopf, auch im Zimmer, ja sogar während seiner Arbeit am Klavier und am Schreibpult.»[61]

La Bohème

So groß der Erfolg von *Manon Lescaut* auch war – mit der weltweiten, sensationellen Wirkung, die Mascagni mit seiner «Cavalleria rusticana» (1890) und wenig später Leoncavallo mit «I Pagliacci» (1892) erlangten, konnte sich diese Oper nicht messen. Erst mit *La Bohème*, seinem nächsten Werk, gelang es Puccini, den Sieg über alle Konkurrenten davonzutragen und von da an die erste Position in der italienischen Oper einzunehmen.

Zunächst aber war es gar nicht das Boheme-Thema, dem er sich zuwandte. Längere Zeit hindurch schwebte ihm ein Opernstoff vor, der das Leben Buddhas behandeln sollte. Viel weiter gedieh ein anderes Projekt, das von Giulio Ricordi angeregt wurde: «La lupa» (Die Wölfin) nach der Erzählung des sizilianischen Dichters Giovanni Verga.[62] Damit kam Puccini zum erstenmal mit jener Richtung in Berührung, die seit dem durchschlagenden Erfolg der beiden Kurzopern Mascagnis und Leoncavallos in Italien tonangebend geworden war: mit dem Verismo.

Eine der vielen Quellen dieser Bewegung, der sich ein großer Teil der jungitalienischen Schule anschloß, war die Naturalismus-Strömung in der Literatur, vor allem das Werk Émile Zolas. Man strebte eine Abkehr von der historisierenden, idealisierenden und symbolistischen Opernform an, wie sie etwa ab der Jahrhundertmitte vorherrschend war. Zugleich auch war es ein Versuch, sich von den beiden übermächtigen Vorbildern Verdi und Wagner loszulösen. Der Verismo-Stil brachte den lang ersehnten «frischen Wind» in das italienische Opernleben, man sah darin ein Wiedererwachen der fast schon versiegt geglaubten Kräfte heimischer Opernkunst. Denn bereits seit undenklichen Zeiten war Verdi der Alleinregent, die einzige überragende Gestalt der italienischen Oper. Nun endlich regte sich neues, frisches Leben, trat eine junge, unbekümmerte, erfolgreiche Musikergeneration auf den Plan.

Freilich – allzuviel Neues brachten die Verismo-Komponisten kaum ins

Elvira Puccini (1860–1930), die Gattin des Künstlers

Spiel. Die Richtung war durch ältere Werke, besonders durch Bizets «Carmen» und Verdis «La Traviata» längst vorgeprägt. Und musikalisch blieb trotz der betont «wilden», exzessiven Attitüde die Abhängigkeit von Verdi und Wagner auch weiterhin gewahrt. Neu war die Wahl der Stoffe aus dem Volksleben, wobei freilich das Krasse, Gewalttätige, Blutrünstige mitunter eine so starke Betonung erfuhr, daß dadurch die Bezeichnung «Verismo» wiederum ad absurdum geführt wurde.

Die starke Wirkung der Verismo-Bewegung war nicht zuletzt auf das geschickte Management zurückzuführen, das von Edoardo Sonzogno geleitet wurde. Die meisten Komponisten dieser Richtung standen bei ihm unter Vertrag. Sonzogno leitete das von ihm begründete Teatro lirico internazionale in Mailand, er ging mit eigener Opernstagione auf Tournee und machte damit die neuen Opernwerke seines Verlags in und außerhalb Italiens bekannt.

Giulio Ricordi stand dieser Richtung skeptisch gegenüber, er vertrat mehr die konservative Schule italienischer Opernkunst. Die Erfolge Sonzognos konnten ihm jedoch nicht gleichgültig bleiben. Daher auch sein Plan mit «La lupa», dem Werk jenes Dichters, der auch die Vorlage zu «Cavalleria rusticana» geliefert hatte.

Puccini beschäftigte sich ernstlich mit diesem Thema. Sein Interesse daran ging so weit, daß er im Frühsommer 1884 den Dichter Verga in Catania aufsuchte, in Sizilien Studien zur Volksmusik betrieb und einige Kompositionsskizzen entwarf. Auf der Rückreise lernte er durch Zufall Blandine Gravina, die Stieftochter Richard Wagners, kennen. Als er ihr von seinem Opernplan erzählte, riet sie ihm dringend von diesem Sujet ab, das ihr niedrig und abstoßend vorkam. Dieses Urteil bewirkte jene Entscheidung, die Puccini wohl schon längst im Innersten getroffen haben mochte: er fühlte wenig Sympathie für diese Mord- und Totschlaggeschichte im Dorfmilieu, ebensowenig konnte er sich mit der Weibsteufelgestalt der «Wölfin» anfreunden. Der Typus des dämonischen «Überweibs», der in der Dichtung, der Bühnen- und Opernliteratur der Jahrhundertwende eine so bedeutende Rolle spielt, ist dem Komponisten stets fremd geblieben, dies hat bereits sein mißlungener Versuch mit der Tigrana in *Edgar* bewiesen. (Die Prinzessin *Turandot* gehört nur scheinbar in diesen Bereich: die Wandlung einer verhärteten, eiskalten Frau durch das Erlebnis der Liebe – dies ist ein echtes, reines Puccini-Thema.)

Viel näher als die übersteigerten Charaktere Vergas standen ihm die Alltagsmenschen des Pariser Bohème-Lebens, die heiteren und traurigen Episoden aus dem Dasein der Künstler, Studenten, der Fabrikarbeiterinnen, Näherinnen und Grisetten, die Henri Murger in seinem Roman «Scènes de la vie de la bohème» (1847) so lebensnah beschrieben hat. Einige Zeit hindurch befaßte sich Puccini gleichzeitig mit dem sizilianischen Sujet und *La Bohème*, doch am 13. Juli 1894 erteilte er Ricordi seine endgültige Absage für «La lupa». *Die Gründe dafür sind das «Dialoghafte», das im höchsten Grade Ruckartige des Librettos, die unangenehmen Charaktere, – ohne eine einzige leuchtende, sympathische Figur, die hervortritt . . . Einzig die verlorene Zeit bedrückt mich, aber ich werde sie wieder einholen, indem ich mich mit Todesmut auf die «Bohème» stürze.*[63]

Über die Arbeit an *La Bohème* sagte Puccini später: *. . . es waren Jahre voller Kummer, Bedrängnis, Seelenqualen, Pein, Marter und schmerzvollen geistigen Leidens. Ich war verzweifelt.* Erstaunlich bei einem Werk, das in so leichtem, natürlichem Fluß geformt erscheint. Doch nach eigenem Bekenntnis des Komponisten *sind es gerade jene Teile, die am ungezwungensten erklingen, an denen ich am härtesten arbeitete.*[64]

Mit *La Bohème* begann jene Zusammenarbeit Puccinis mit den Autoren Giacosa und Illica, der «heiligen Trinitas» (der Ausdruck stammt von Ricordi), aus der in unmittelbarer Folge auch *Tosca* und *Madama Butterfly* hervorgegangen sind. Diese drei Opern haben Puccinis Weltruhm begründet, sie sind bis in unsere Gegenwart seine erfolgreichsten Werke geblieben. Ohne Zweifel fällt auch den beiden Librettisten ein erheblicher Anteil an dieser dauerhaften Wirkung zu.

Giuseppe Giacosa (1847–1906) war zum Zeitpunkt seiner Bekanntschaft mit Puccini bereits ein hochangesehener Schriftsteller, der als Novellist ebenso geschätzt wurde wie als Bühnenautor. Anfangs fand es Giacosa unter seiner Würde, sich für die Mitarbeit an einem Opernlibretto zur Verfügung zu stellen, doch auf eindringliches Ersuchen Ricordis ließ er sich dazu überreden. Giacosas wesentlicher Beitrag zu Puccinis Operntexten besteht in der Wortgestaltung: die kunstvollen, wohlklingenden, poetischen Verse tragen deutlich das Signum dieses feinfühligen, noblen Dichters.

«Die Trinitas»: Puccini, Giacosa, Illica

Der Sitz des Bohème-Klubs in Torre del Lago. Zeichnung von Ferrucio Pagni

Eine ganz anders geartete Natur war Luigi Illica (1857–1919), der niemals einen ähnlich hohen literarischen Rang erlangen konnte wie Giacosa. Illica hat viele Operntexte geschrieben, für Giordano («Andrea Chénier», «Siberia»), Mascagni («Iris»), Franchetti («Germania»), Catalani («La Wally») und andere. Die Vorzüge dieses Librettisten bestanden in seinem sicheren Bühnensinn, in seinem Instinkt für die effektvolle Belebung der Bühne. Für Puccinis Opern lieferte er die dramatische Substanz, das Handlungsgerüst. Der Ästhet der Sprache (Giacosa) und der handfeste Bühnenpraktiker (Illica) fanden somit zu idealer künstlerischer Partnerschaft zusammen.

Una consegna erculea (eine Herkulesarbeit)[65] – so nannte Puccini in späterer Zeit die qualvolle Entstehung der Oper. Unter welchen Mühen die Arbeit am Libretto zu *La Bohème* vor sich ging, läßt sich aus den Briefen erkennen, die zwischen den Textautoren und Puccini, zwischen der «Trinitas» und Ricordi hin und her gingen. Ricordi nahm bei diesen Differenzen, die mitunter bis zum Kriegszustand ausarteten, die Position eines Vermittlers, eines Schiedsrichters und Beichtvaters ein. *Schreiben Sie mir oft!* bat ihn Puccini, *und verlassen Sie mich nicht in dem öden Sumpf meines Daseins!*[66]

Giacosa, der an wohlüberlegte, bedächtige und langsame Arbeit gewöhnt war, fühlte sich durch den ungeduldigen Komponisten zu irritie-

Der Bohème-Klub feiert die Beendigung der Oper

render er Eile angetrieben. An Ricordi schrieb er: «Ich bekenne, daß ich zu Tode erschöpft bin von diesem ewigen Umarbeiten, Retuschieren, Hinzufügen, Korrigieren, Erweitern auf der einen, Zusammenstreichen auf der anderen Seite. Wären nicht meine Freundschaftsgefühle für Sie, wünschte ich nicht für Puccini alles Gute – ich würde mich noch in dieser Stunde von einer Aufgabe befreien, die mir widerwärtig ist.»[67] Auch Illica, der bei weitem nicht die Duldsamkeit seines Dichter-Kollegen besaß, drohte schließlich mit Revolte. «Er hat mir bereits mitgeteilt, daß er mit *Bohème* nichts mehr zu tun haben will», schrieb Ricordi in höchster Besorgnis an Puccini. «Er beschwert sich darüber, daß er soviel Zeit und Arbeit nutzlos verschwendet hat, er betrachtet sich als ausgenützt, beiseite geschoben, das eine Mal emporgehoben, das andere Mal wie ein Hund beiseite gestoßen.» Ricordi beschloß seine Epistel mit den mahnenden Worten: «Ach Doge, Doge!! Wie viel, wie viel Zeit ist nun bereits verlorengegangen!»[68]

Vom Frühjahr 1894 an sah sich das Künstlerteam zu besonderer Eile angespornt, da der Plan einer zweiten Bohème-Oper bekannt geworden war. Puccini war in einem Mailänder Kaffeehaus zufällig mit Leoncavallo zusammengetroffen, man hatte sich über Opernpläne unterhalten. *Ich lasse ein Drama aus einem französichen Roman herstellen,* sagte Puccini, *aus La vie de la Bohème von Murger.* Leoncavallo sprang von seinem

Plakat zu «La Bohème» von A. Hohenstein

Stuhl auf und schrie entsetzt: «Aber das ist doch derselbe Stoff, den auch ich mir gewählt habe!»[69] Es kam zu einer stürmischen Szene, bei der jeder der beiden Komponisten sein Vorrecht auf diesen Opernstoff verteidigte. Leoncavallo kündigte daraufhin in der Zeitung «Il secolo» seine Oper an. Puccini tat dasselbe einen Tag darauf im «Corriere della sera» und fügte die folgenden Worte hinzu: *... im übrigen, was hat dies Maestro Leoncavallo zu bekümmern? Laßt ihn komponieren, auch ich werde komponieren, und das Publikum soll das Urteil fällen. Priorität in Kunstdingen bedeutet noch lange nicht, daß man dasselbe Thema auch mit denselben Ideen behandelt.*[70]

Ob Puccini von Leoncavallos Opernplan wirklich nichts gewußt hat, ist oft – und vermutlich mit Recht – bezweifelt worden. Jedenfalls war von nun an sein ganzes Sinnen und Trachten darauf gerichtet, in diesem Wettkampf den ersten Platz zu erlangen. (Mit dem guten Einvernehmen, das bis dahin zwischen den beiden Opernkomponisten geherrscht hatte, war es nun begreiflicherweise vorbei.)

Die größte Schwierigkeit bei der Herstellung des Librettos bestand darin, aus der mosaikhaften Struktur des Romans eine übersichtliche, kompakte Opernhandlung zu gestalten. Henri Murger hat seine Beschreibung des Pariser Künstlerlebens aus der Zeit des Bürgerkönigtums in einer Fülle von Anekdoten und kleinen, scharf gezeichneten Episoden ausgebreitet. Man muß Puccinis Textautoren zugestehen, daß sie imstande waren, erstaunlich viele Details aus der weitverzweigten Schilderung in ihr Libretto zu übernehmen. Die bedenkliche Seite des Textbuchs besteht vor allem darin, daß aus einer völlig unsentimentalen, realistischen Milieubeschreibung eine tränenreiche Rührgeschichte geworden ist. Den strittigsten Punkt stellt freilich die Zeichnung der weiblichen Hauptfigur dar, dies wurde auch von vielen zeitgenössischen Kritikern beanstandet.[71] Giacosa und Illica bedienten sich dabei eines Kunstkniffs, den bereits Théodore Barrière in seiner Dramatisierung des Murger-Romans (1849) verwendet hatte: sie zogen zwei völlig gegensätzliche Figuren des Romans in eine einzige zusammen, die leichtlebige Grisette Mimi und die arme Näherin Francine, deren traurige Schicksale im 18. Kapitel des Romans erzählt werden. Die Zusammenfügung zweier derartig unvereinbarer Charaktere konnte nicht ganz ohne Bruch erfolgen. Die Spuren von Unlogik, die das Textbuch von *La Bohème* aufweist, sind auf diese Disharmonie zurückzuführen. Mimi ist vor allem musikalisch als ein derartig reines und engelhaftes Wesen gezeichnet, daß die gelegentlichen Andeutungen auf ihr Freudenmädchen-Dasein völlig unglaubwürdig erscheinen. Vom Standpunkt der Originaltreue ist Leoncavallos Textbuch zu «La Bohème» eindeutig über die Arbeit von Giacosa und Illica zu stellen – als dramatisches Kunstwerk hält es allerdings keinen Vergleich zum lebensvollen Libretto der Puccini-Oper aus.

Text und Musik zu *La Bohème* sind von Anfang an in kleinen Etappen entstanden, in engster Gemeinschaftsarbeit des Komponisten mit den Textautoren. Puccinis Einfluß auf die szenische und sprachliche Formung war außerordentlich groß[72], viele Geschehnisse der Handlung (etwa die heitere Szene der Musetta im II. Akt) gehen auf seine Anregung zurück. *Logisch, kurz und bündig, fesselnd und richtig ausgewogen*[73] – so lauteten die Anforderungen, die er an seine Textdichter stellte. Ungezählte Entwürfe und fertiggestellte Szenen wurden von Puccini abgelehnt, und es dürfte kaum eine Übertreibung sein, wenn Illica später behaupten konnte: «Als die *Bohème* erschien, blieben uns im Koffer noch zehn andere *Bohèmes* übrig.»[74]

Die Orchestrierung der Oper wurde am 21. Januar 1895 in Torre del Lago begonnen, ein Teil entstand in Mailand, ein weiterer in Val di Niepole bei Pescia, wo Puccini zu Gast bei einem seiner Bekannten, einem Conte Bertolini, weilte. Vollendet wurde die Partitur wiederum in Torre del Lago, am 10. Dezember 1895 – um Mitternacht, wie Puccini getreulich in das Manuskript eintrug.

Die Fertigstellung des Werks wurde im Freundeskreis mit einem phantasievollen Maskenfest begangen, in welchem Puccini in der Kleidung eines römischen Imperators auftrat. In Torre del Lago hatte sich inzwischen der «Club La Bohème» gebildet, der seinen Sitz in jener alten Schenke hatte, die nach der Auswanderung des Flickschusters in Puccinis Besitz übergegangen war. Der Klub setzte sich aus einer fröhlichen Künstlergilde zusammen und besaß sogar scherzhafte Statuten wie etwa: «Weisheit ist nicht erlaubt, außer in besonderen Fällen.»[75]

Die Uraufführung der Oper ging am 1. Februar 1896 in Turin (Teatro Regio) vor sich. Cesira Ferrani, die bereits die Rolle der Manon kreiert hatte, sang die Mimi, der Tenor Evan Gorga den Rodolfo. Puccini hatte sich zuerst gegen Turin als Uraufführungsort gewehrt, auch wünschte er sich eine andere Besetzung der Hauptrollen (die gefeierte Verismo-Sängerin Gemma Bellincioni als Mimi, Fernando de Lucia als Rodolfo)[76] – doch in diesen Punkten hatte nicht der Schöpfer des Werks, sondern der Verleger das entscheidende Wort zu reden. Dirigent der Aufführung war ein Künstler, der fortan eine wichtige Position in Puccinis Leben einnehmen sollte: Arturo Toscanini.

Mit dieser Premiere hatte Puccini zumindest in zeitlicher Hinsicht den Wettkampf der beiden Bohème-Opern gewonnen. (Leoncavallo folgte mit seinem Werk erst anderthalb Jahre später.) Die Aufnahme durch das Publikum war günstig, doch bei weitem nicht so enthusiastisch, wie dies bei *Manon Lescaut* der Fall gewesen war. *An jenem Abend hörte ich zwischen den Akten, in den Gängen, wie auf der Bühne um mich her wispern: «Armer Puccini! Diesmal hat er den Weg verfehlt! Das ist eine Oper, die nicht lange leben wird ...» Man behauptete sogar, daß die «Bohème» die Stagione nicht überdauern würde. Ich, der ich in die «Bohème» meine ganze Seele versenkt habe und sie unendlich liebte und die Gestalten auch jetzt noch mit einer unsäglichen Rührung liebe, ich kehrte tief betrübt ins Hotel zurück. Ich fühlte in mir eine Traurigkeit, eine Schwermut, einen Willen zum Weinen ... Ich verbrachte eine böse Nacht. Und am Morgen grüßte mich der Haß der Zeitungen.*[77]

Mit *La Bohème* trat ein Symptom auf, das Puccini nun sein ganzes Leben lang verfolgen sollte: die Divergenz zwischen Publikumserfolg und dem Urteil der Kritik. Die schlechten Besprechungen konnten jedoch den Erfolg des Werks nicht aufhalten. *La Bohème* wurde in Turin mehrere Wochen hindurch bei ausverkauftem Haus gegeben, die Oper erschien bald darauf in Rom, sie erweckte in Palermo einen derartigen Sturm der Begeisterung, daß ihr Siegeszug nun nicht mehr aufzuhalten war.

Ablehnende Kritik folgte dem Werk in den Anfangszeiten überall hin, auch nach Deutschland. Merkwürdigerweise waren es gerade jene Mo-

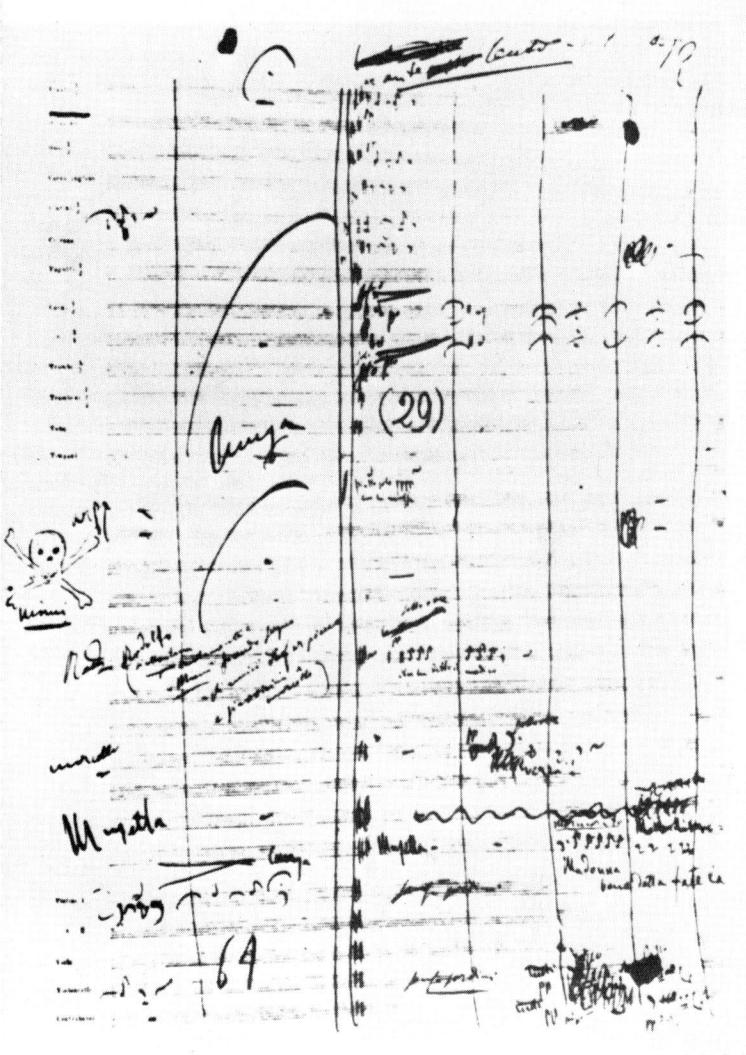

«La Bohème», der Tod Mimis. Autograph der Partitur

mente der Oper, die heute allgemein als Höhepunkte von Puccinis musikdramatischer Kunst gelten, an denen damals die Kritik Anstoß nahm:
die turbulente Szene im Quartier Latin, die Schilderung der Winterkälte
im III. Akt mit den «eisigen» Quintenfolgen über dem mehr als 100 Takte

ruhenden Orgelpunkt, der weltentrückte Abschiedsgesang Mimis und Rodolfos am Schluß dieses Bildes mit dem scharf dazu kontrastierenden Geplänkel Musettas und Marcellos. Aus diesen Reaktionen der Betroffenheit und Befremdung geht deutlich hervor, daß Puccini hier musikalisches und szenisches Neuland betreten hat.

In *La Bohème* offenbart sich Puccinis Gabe, das «Atmosphärische», den Stimmungsgehalt der dramatischen Situation mit einer Eindringlichkeit sondersgleichen in Musik auszudrücken. Eine «Straßenszene» von ähnlicher Bewegtheit und naturalistischer Leuchtkraft, wie sie im II. Akt gezeigt wird, hat es bis dahin noch nie auf der Opernbühne gegeben. Von Debussy stammt das Wort, niemand anderer habe das Paris jener Tage so gut beschrieben wie Puccini.[78] Ein Ausspruch von besonderem Gewicht, denn Puccini hatte den Schauplatz seiner Oper damals noch gar nicht kennengelernt.

Puccini pflegte sich im Augenblick des künstlerischen Schaffens in einen delirienhaften Zustand hineinzusteigern, der ihn völlig zum Mit-Fühlenden und Mit-Leidenden der szenischen Situation machte. *Als ich die Schlußnoten zu La Bohème schrieb, brach ich zusammen und weinte wie ein Kind, so mächtig war mein Schmerz.*[79] Dieser Erregungszustand ist in Puccinis Musik förmlich «hineinkomponiert», er vermag sich dadurch auch auf den Zuhörer zu übertragen (vorausgesetzt, daß eine gewisse Empfänglichkeit für gefühlsbetonte Musik vorhanden ist).

Gegenüber *Manon Lescaut* bedeutet *La Bohème* einen erheblichen Fortschritt: Puccini hat sich in diesem Werk von allen fremden Vorbildern (vor allem von der Einwirkung Wagners) befreit, er spricht darin, wie dies Mosco Carner ausdrückt, zum erstenmal gänzlich seine eigene Sprache.[80] Ein Fortschritt auch in der Dramaturgie. Waren in *Manon Lescaut* noch Haupt- und Nebenfiguren, Handlung und Milieu deutlich voneinander abgehoben, so ist in *La Bohème* jene dramatische Ganzheit erreicht, in der es nichts Nebensächliches, kein «Beiwerk» mehr gibt. Puccinis Kunst der Verdichtung und Verknappung zeigt sich hier auf voller Höhe. Ein bezeichnendes Beispiel: die Begegnung des Liebespaares im I. Akt. Die zaghaften, schüchternen Worte am Beginn, das allmähliche Überwinden der Befangenheit, das Erwachen der Zuneigung und schließlich die inbrünstige Umarmung (*O soave fanciulla* [O du süßestes Mädchen]) – dieser ganze «Roman» spielt sich gleichsam im Handumdrehen ab, ohne daß der Zuschauer dabei das Gefühl zeitlicher Raffung empfindet.

Das Paar Mimi–Rodolfo ist von Puccini mit besonderer Liebe und Sorgfalt dargestellt worden. Vor allem Mimi ist eine der herzlichsten, wärmsten Frauengestalten, die der Komponist je geschaffen hat. In ihrer «Selbstdarstellung» im I. Akt offenbart sich jener zärtlich-liebende, innige Frauentypus, zu dem sich Puccini so sehr hingezogen fühlte. Die aus tiefstem Herzensgrund kommende Phrase *Ma quando vien lo sgelo,* bei

Mirella Freni als Mimi in «La Bohème»

Enrico Caruso (1873–1921) als Rodolfo in «La Bohème»

der das ganze Orchester voll Leidenschaft mitsingt, faßt alles in sich zusammen, was man gemeinhin unter Puccini-Melos versteht.

con molta anima

| ma | quan – do. | vien lo _ | sge – lo |
| Doch | fängt es | an zu _ | tau – en, |

| il | pri – mo | so – le è | mi – o _____ |
| strahlt | mir die | er – ste | Son – ne _____ |

Nach der Premiere der «Ricordi-Bohème» sah man nun mit Spannung der «Sonzogno-Bohème» entgegen. Leoncavallos Oper gelangte am 5. Mai 1897 in Venedig zur Uraufführung – mit gutem Erfolg, an dem nicht zuletzt der Sänger der männlichen Hauptrolle (in diesem Fall Marcello) wesentlichen Anteil hatte: Enrico Caruso, wenig später der wohl bedeutendste Puccini-Tenor seines Zeitalters. Vorerst fiel noch keine Entscheidung zwischen den beiden Vertonungen, viele Opernhäuser nahmen Leoncavallos Oper unter Vertrag, einfach aus dem Grund, weil Leoncavallo damals der bekanntere von beiden Komponisten war. In der Folgezeit wurde diese zweite «Bohème» freilich fast vollkommen vom Spielplan der Opernhäuser verdängt.

Tosca

Ich denke an Tosca. Ich beschwöre Sie, die nötigen Schritte zu unternehmen, um die Einwilligung Sardous zu erwirken; es wäre für mich sehr schmerzlich, wenn wir auf diese Idee verzichten sollten, weil ich in dieser Tosca die Oper sehe, wie ich sie mir vorstelle: ohne übermäßigen Umfang, dafür von dekorativer Bühnenwirkung und mit musikalischen Möglichkeiten im Überfluß.[81] Dieses Schreiben Puccinis an Ricordi stammt vom 7. Mai 1889, aus der Zeit des *Edgar.* Puccini hatte damals die gefeierte Schauspielerin Sarah Bernhardt als Tosca gesehen (anläßlich eines Gastspiels mit Sardous Drama in Mailand) «und hatte davon einen betäubenden Eindruck empfangen, obwohl er damals von der französischen Rezi-

Sarah Bernhardt (1843–1923)
in Sardous Theaterstück «La Tosca»

tation nur ein einziges Wort verstand, das die Sarah Bernhardt mit angst-
voller Stimme wiederholte: Malheureuse! Malheureuse!»[82]

In der Folgezeit war jedoch von diesem Projekt nicht mehr die Rede.
Erst Jahre später, als Puccini an der Vollendung seiner *Bohème* arbeitete,
rückte *Tosca* wieder in den engeren Themenkreis auf. Doch auch jetzt fiel
noch keine Entscheidung. Puccini befaßte sich mit ganz anderen Opern-
plänen: einige Zeit hindurch interessierte er sich lebhaft für Maeterlincks
Drama «Pelléas et Melisande», er unternahm sogar einen Besuch beim
Dichter des Werks – Maurice Maeterlinck lebte in Gent –, doch blieben
seine Bemühungen erfolglos, da die Rechte für eine «Pelléas»-Oper bereits an Claude Debussy vergeben waren. Ähnlich erging es ihm mit «La
faute de L'Abbé Mouret» (Die Sünde des Abbé Mouret), einem Roman

von Émile Zola: dieses Thema war bereits an Massenet vergeben.[83] Puccini fühlte sich zu diesem Sujet, das die erotischen Verstrickungen eines jungen Priesters darstellt, so sehr hingezogen, daß er selbst dazu den Entwurf eines Librettos verfertigte. Weiterhin gab es eine historische Figur, mit der er sich damals wie auch in späteren Zeiten viel beschäftigte: die französische Königin Marie Antoinette. Auf seine Anregung hin fertigte Illica ein Opernlibretto an, das die letzten Lebenstage dieser tragischen Gestalt der Weltgeschichte zum Thema hatte.

Mittlerweile hatte Ricordi die Rechte für *Tosca* erworben. Da Puccini vorläufig keine weiteren Ansprüche auf dieses Libretto erhob, gab Ricordi den Kompositionsauftrag an Alberto Franchetti weiter. Baron Franchetti (1860–1942), seit Jugendtagen mit Puccini gut bekannt, gehörte als Opernkomponist jener von Boito maßgeblich bestimmten Richtung an, die «La Scapigliatura» (etwa «Entfesselung», «Zerstörung») genannt wurde. Mit seinen Opern «Asrael» (1888) und «Cristoforo Colombo» (1892) hatte er sich Anerkennung erworben. Sein bekanntestes Werk ist die 1902 entstandene Oper «Germania», die im deutschen Studentenmilieu spielt.

Für die geplante «Tosca»-Oper Franchettis war Illica als Librettist ausersehen worden. Im Oktober begaben sich die beiden Künstler nach Paris, um mit dem Autor des Dramas, Victorien Sardou, verschiedene Einzelheiten des geplanten Werks zu besprechen. Zu dieser Zeit befand sich auch Verdi in Paris, um der französischen Erstaufführung seines «Otello» beizuwohnen. Verdi war mit Sardou gut bekannt, er war auch bei einer jener Zusammenkünfte im Haus des Dichters anwesend, in denen über Illicas *Tosca*-Libretto diskutiert wurde. Verdi soll damals den Ausspruch getan haben, er selbst würde gerne diese Oper schreiben, wenn er sich nicht zu alt dazu fühlte. Illica hatte für den III. Akt einen großen Monolog Cavaradossis entworfen, ein feuriges Bekenntnis zu den Idealen der Kunst und des Vaterlands. Es ist dies jener «lateinische Hymnus» (lateinisch im Sinn von national-italienisch), der in Puccinis Korrespondenzen aus der *Tosca*-Periode eine große Rolle spielt. Als dieser Monolog zur Vorlesung kam, «entriß Verdi, der ungemein erregt erschien, der Hand des Librettisten das Heft und begann nun selbst jene Verse mit bebender Stimme vorzutragen»[84].

Es wirft ein kennzeichnendes Licht auf den enormen geistigen Unterschied zwischen den beiden Komponisten, daß Puccini, als er später das *Tosca*-Libretto vertonte, gerade mit dieser Textstelle nichts anzufangen wußte. Er hat den «lateinischen Hymnus» durch selbstverfaßte Verse ersetzt, die gemessen an der gedanklichen Größe des Originals recht dürftig und banal wirken. Freilich zählt gerade *E lucevan le stelle* (Und es blitzten die Sterne), dieser Abschiedsgesang an die irdische Liebe, zu den berühmtesten, für den Komponisten ungemein charakteristischen Einfällen Puccinis überhaupt.

Victorien Sardou
(1831–1908)

Vom Beginn des Jahres 1895 an begann sich Puccini plötzlich wieder für diesen Stoff zu interessieren, den er schon seit langem beiseite gelegt hatte. Vielleicht waren ihm Verdis Äußerungen über «Tosca» bekannt geworden – jedenfalls beanspruchte er ab nun das Sujet mit einer Entschiedenheit und Härte für sich, die ihm in solchen Fällen zu eigen war.

Die Situation erschien zunächst völlig aussichtslos, denn Franchetti, der mit Ricordi einen Vertrag über «Tosca» abgeschlossen hatte, war bereits mit der Komposition der Oper beschäftigt. In diesem Fall half nur ein Mittel: eine geschickt geführte Intrige. Ricordi, der auf Puccinis Eignung für diesen Opernstoff großes Vertrauen setzte, begann nun Franchetti an seiner Aufgabe irrezumachen. Gemeinsam mit Illica wies er nachdrücklich auf das Unmusikalische des Sujets, auf die Roheit der szenischen Vorgänge hin. Offenbar waren Franchetti selbst erhebliche Zweifel an seinem Vorhaben gekommen, jedenfalls trat er zu aller Überraschung aus freien Stücken zurück. Am Tag nach Franchettis Kapitulation unterzeichnete Puccini einen Vertrag mit Ricordi für seine nächste Oper *Tosca*.

Dies alles spielte sich in der ersten Hälfte des Jahres 1895 ab, zu einer Zeit also, da Puccini noch an der Vollendung seiner *Bohème* arbeitete.

*Pasquale Amato
(1878–1942)
als Scarpia in «Tosca»*

Bald nach der Premiere dieser Oper wandte sich der Komponist der neuen Aufgabe zu. Die Libretto-Frage erwies sich diesmal nicht so schwierig wie bei *La Bohème*, da ja ein fertiges Opernbuch Illicas vorlag. Doch Puccini bestand darauf, Giacosa wiederum für die Textierung heranzuziehen. «Buddha» (wie Giacosa von Puccini genannt wurde) bereitete zunächst große Schwierigkeiten, weil er sich mit einem Werk des von ihm gering geachteten Sardou nicht abgeben wollte. Doch der geschickte Diplomat Ricordi brachte es zuwege, auch dieses Hindernis zu begleichen und die «Trinitas» neuerlich zum Einsatz zu bringen.

Die Jahre 1896 und 1897 wurden hauptsächlich für die Formung des Librettos verwendet, auch die ersten Skizzen zur Komposition entstanden in dieser Zeit. Puccini, der stets dem Detail höchste Aufmerksamkeit zuwandte, ließ sich für die kirchlichen Szenen der Oper von einem befreundeten Priester (Padre Panichelli) beraten, auch unternahm er genaue Studien über den Klang der Glocken Roms, den er im III. Akt der Oper einsetzte.

74

*Irene Abendroth
(1872–1932),
die erste deutsche
Tosca (Dresden 1902)*

Im Januar 1898 wurde mit der Kompositionsarbeit begonnen, doch bereits im Februar begab sich Puccini nach Paris (zum erstenmal in seinem Leben), um die Proben für die französische Erstaufführung der *Bohème* an der Opéra-Comique zu überwachen. Bei dieser Gelegenheit trat er mit dem Dichter Sardou in Verbindung. Victorien Sardou (1831–1908) war einer der erfolgreichsten und geschäftstüchtigsten Theaterautoren seiner Zeit, ein Künstler mit ungewöhnlichem Sensorium für Bühnenwirkung, allerdings auch mit deutlichem Hang zur «Hintertreppe».[85] Dem Dichter war es völlig gleichgültig, welcher Komponist es war, der «La Tosca» vertonte, er stellte zunächst ungewöhnlich hohe Gagenforderungen (50 000 Francs), ließ sich aber dann zu der gebräuchlichen Tantieme von 15 Prozent herbei. Im Januar 1899 war Puccini nochmals bei Sardou, um eine Einigung über ein paar strittige Punkte der Handlung zu erzielen. Dem Komponisten war damals viel daran gelegen, eine neue Variante der Schlußszene durchzusetzen: Tosca begeht nicht Selbstmord, sondern verfällt in Wahnsinn. Doch Sardou lehnte diesen Vorschlag strikt ab. *Er will diese arme Dame um jeden Preis sterben lassen. Jetzt da Deibler* (der Henker von Paris) *sich zurückgezogen hat, will der Magier* (so pflegte Puccini Sardou zu nennen) *seine Nachfolge antreten.* Manche der Vorschläge Sardous versetzten den Komponisten in arge Verwirrung. *Beim Skizzieren des Hintergrunds wollte Sardou, daß man den Tiber zwischen dem Petersdom und dem Kastell hindurchfließen sieht!! Ich habe ihn darauf aufmerksam gemacht, daß der Fluß auf der anderen Seite verläuft. Und er, ruhig wie ein Fisch, erwiderte: «Oh, das macht nichts!» Eine schöne Type, voller Leben, Feuer, aber auch voll von historisch-topographischen Ungenauigkeiten.*[86]

Puccini fühlte sich bei seinen Aufenthalten in Paris nicht glücklich. Der Geist der Opposition, der hier gegen ihn herrschte, konnte ihm kaum verborgen bleiben. Paris hatte sich in dieser Zeit zu einem wichtigen Zentrum moderner Opernkunst entwickelt, man war stolz auf die Erfolge, die sich vor allem Massenets Opern in aller Welt errangen. Es ist durchaus denkbar, daß Puccini diesen nationalen Stolz mitunter zu fühlen bekam, vor allem in den «gesellschaftlichen Zirkeln» mochte dies der Fall sein. Puccini hat die Franzosen oft als chauvinistisch bezeichnet.[87] Am 10. Mai 1898 schrieb er an Alfredo Caselli, einen Freund aus Lucca: *Ich habe Paris satt. Ich sehne mich nach dem Wald und seinem Wohlgeruch* ... Dieser Brief enthält so markante Sätze wie: *Ich hasse das Straßenpflaster! Ich hasse die Paläste! Ich hasse die Kapitelle! Ich hasse die Stile!* ... *Ich liebe die Amsel, die Grasmücke, den Specht! Ich hasse das Pferd, die Katze, die Spatzen auf den Dächern, den Luxushund! Ich hasse das Dampfschiff, den Zylinderhut, den Frack!*[88] Und an anderer Stelle, an Ricordi: *Ich bin für das Leben in Salons und auf Empfängen nicht geschaffen.*[89]

Die Komposition der Oper entstand in den Jahren 1898 und 1899, zum Großteil in Torre del Lago und in Mailand. Den Sommer des Jahres 1898 verbrachte Puccini mit seiner Familie völlig zurückgezogen in Monsagrati, einem einsamen Bergdorf in der Nähe von Lucca. *Bei Tag schläft man, in der Nacht wird gearbeitet* ... *Ich bin in einer scheußlichen, hassenswerten Gegend, wo Wälder und Pinien jede Aussicht verdecken, man ist zwischen Bergen eingesperrt, von der Sonne bestrahlt, ohne jeden Windhauch. Doch die Abende sind erquickend und die Nächte wundervoll. Ich arbeite bis 4 Uhr morgens, ab 10* ... *Alles in allem bin ich sehr zufrieden, mich in diese öde Gegend geflüchtet zu haben, wo menschliche Wesen Ausnahmen darstellen. Wir sind hier wirklich ganz allein.*[90]

Am 29. September 1899 war die Oper vollendet. Als Puccini sein Manuskript Ricordi zusandte, ergaben sich unerwartete Hindernisse, denn der Verleger war mit der Gestaltung des III. Akts nicht einverstanden, ja er erblickte darin regelrecht einen Fehlschlag («un errore»). Ricordi fand vor allem das Duett Tosca–Cavaradossi unbedeutend, fragmentarisch. Das Arioso *O dolci mani* (Die zarten Hände) – hier hatte Puccini auf einen Entwurf zu *Edgar* zurückgegriffen – bezeichnete er als «brauchbar, wenn es von einer Tiroler Bäuerin gesungen wird», nicht aber der Situation des

Dramas angemessen. (Der Vergleich ist nicht ganz abwegig, denn diese Dreiklangszerlegung im Dreivierteltakt weist tatsächlich einen gewissen «älplerischen» Zug auf.) «Wo ist der Puccini der edlen, warmen und starken Inspiration?» fragte Ricordi in tiefer Enttäuschung.[91]

Puccinis Antwort auf Ricordis Vorwürfe fiel ungewöhnlich schroff und entschieden aus: *Ihr Brief hat mich außerordentlich überrascht! Noch immer bin ich davon ganz betroffen. Dennoch bin ich fest davon überzeugt, daß sich Ihre Meinung ändern wird, wenn Sie diesen dritten Akt nochmals durchgehen! Das ist kein Hochmut von mir, ganz bestimmt nicht. Aber es ist meine feste Überzeugung, das Drama so gut als es in meinen Kräften stand, nachgezeichnet zu haben. Sie wissen, wie gewissenhaft ich in der Interpretation der Situation und des Textes bin, wie ich feile, bevor ich etwas hinschreibe. Der Einwand, daß ich ein Fragment aus Edgar verwendet habe, kann nur von Ihnen und den wenigen Leuten, die es wiedererkennen könnten, erhoben werden ... Mir scheint diese Stelle ganz jene Poesie auszudrücken, die in den Worten enthalten ist. O ich bin meiner Sache völlig sicher, und auch Sie werden überzeugt werden, wenn Sie das Stück dort hören, wo es hingehört, nämlich auf der Bühne. Was das Fragmentarische betrifft, so ist das von mir beabsichtigt: es kann hier keine ebenmäßige und ruhige Situation geben wie in anderen Liebesduetten. Toscas Besorgnis, ob Mario seinen Fall gut simuliere, ob er sich vor den Soldaten, die ihn erschießen sollen, richtig benehme, bricht immer wieder durch ... Das Duett des dritten Akts war schon immer die große Klippe. Aber die Dichter haben mir da (ich rede vom Schlußteil) nichts Gutes und nichts Wahrhaftes geliefert: akademisch, immer nur akademisch, lauter abgedroschene Liebesphrasen. Ich mußte viel arrangieren, um zu einem Ende zu gelangen und um jeden Eindruck des Akademischen zu vermeiden ... Ich wiederhole, es ist kein Hochmut, der aus mir spricht, es handelt sich nur um die Verteidigung meiner Arbeit, die ich reiflich überlegt habe und die mich so viele Gedanken gekostet hat.[92]*

Puccini ging aus diesem Meinungsstreit als Sieger hervor: an der *Tosca*-Partitur wurde keine Note mehr geändert.

Die Uraufführung der Oper fand am 14. Januar 1900 im Teatro Costanzi in Rom statt. Die rumänische Sopranistin Hariclea Darclée sang die Titelrolle, Emilio de Marchi den Cavaradossi, Eugenio Giraldoni den Scarpia. Dirigent war Leopoldo Mugnone. Für die Bühnenausstattung hatte man den Theatermaler der Mailänder Scala, Adolf Hohenstein, verpflichtet, der auch die bekannten Plakate zu den Puccini-Opern hergestellt hat. Die szenische Produktion stand unter der Leitung Tito Ricordis, dem Sohn «Don» Giulios, der von *Tosca* an als neue und wichtige Figur in Puccinis Lebenskreis eintrat.

Der Premiereabend ging in denkbar unruhiger Atmosphäre vor sich. Es hatte anonyme Drohungen gegeben, sogar von einer Bombenlegung im Theater war die Rede. Die *Tosca*-Premiere fiel in eine Zeit großer

Helge Roswaenge
(1897–1972)
als Cavaradossi in «Tosca»

Maria Callas (1923–1977) als Tosca

politischer Wirren, die nicht zuletzt mit der drückenden sozialen Lage in den oberitalienischen Industriezentren in Zusammenhang standen. (Im Juli dieses Jahres kam der italienische König Umberto I. bei einem Attentat ums Leben.) Die Aufführung mußte gleich nach Beginn unterbrochen werden, sie kam jedoch zuletzt ohne Störungen über die Runden. Es gab viel Applaus, Wiederholungen und Hervorrufe, die Kritik verhielt sich jedoch zum Großteil wiederum ablehnend.

Überhaupt ist *Tosca* von den zeitgenössischen Beurteilern äußerst scharf abgekanzelt worden. Der Komponist hat sich mit diesem Werk viele Sympathien verscherzt. «Mit ähnlichem Staunen, wie Mario die zarten weißen Hände seiner Tosca sehen wir die feinen Hände Puccinis von Blut befleckt.» (Korngold)[93] Oskar Bie spricht von «Schlächterarbeit im Kleide der Liebenswürdigkeiten», von «lächelndem Mord».[94]

In der Folgezeit ist man freilich zu einer ganz anderen Einschätzung der Oper gelangt. Nicht die «reißerische» Situation, nicht das Krasse, Sadistisch-Grausame macht das Wesen des Stücks aus, sondern vielmehr das psychische Echo der Vorgänge, die «innere Folter». Menschen in Bedrängnis, in Notlagen, wehrlose, angsterfüllte Charaktere, denen «das Wasser zum Mund» reicht. Weder vorher noch später hat der Komponist ähnliche Ausbrüche von Leidenschaft, Wut und Raserei in Musik gesetzt wie in dieser Oper; ähnliche hysterisch-schrille Aufschreie, ähnlich wild auf- und niederfahrende Tonkurven wie im Part der Titelrolle findet man bei Puccini nur selten.

Die immense dramatische Wirkung der Oper wird durch raffinierte Kontrastierungen erhöht: die erotischen und kriminellen Vorgänge des I. Akts spielen sich in kirchlicher Sphäre ab, zur Begleitung von Glocken- und Orgeltönen. Der II. Akt vereinigt Folterung mit galanter Musik aus dem Hintergrund, am Schluß gibt es die friedliche Hirtenidylle vor der

Hinrichtung. Dies alles verleiht diesem Werk seine eigentümliche, «morbide» Aura. Selbst über den lyrischen Abschnitten liegt der Ausdruck banger Erregung, der würgenden Angst (etwa in den schneidenden Quint- und Quartenfolgen der Einleitung zu Cavaradossis erster Arie). Deutlicher als je zuvor hat Puccini in *Tosca* die Praxis der Erkennungsmotive eingesetzt. Die drei schroff aufeinanderfolgenden Akkorde B-Dur, As-Dur, E-Dur, die das Stück einleiten, sind das Signal Scarpias. Der unheimliche Schatten des Polizeipräfekten lastet somit von allem Anfang an über dem Geschehen. Scarpia ist einer der interessantesten Charaktere, die Puccini je gezeichnet hat: ein Grandseigneur, ein Despot, der gänzlich außerhalb jeder Bösewicht-Schablone steht. *Tosca* stellt den Gipfel der dramatischen Kunst Puccinis dar. Ein dreiaktiges Opernwerk von ähnlich geschlossener Form und niemals nachlassender innerer Spannung ist dem Komponisten hinfort nicht wieder gelungen.

Aus der Entstehungszeit der *Tosca* stammen einige kleinere Kompositionen Puccinis (*Scossa elettrica* u. a.), unter denen nur eine einzige von Bedeutung ist: *Inno a Diana,* ursprünglich ein Jägermarsch, später zur Hymne an Rom (*Inno a Roma*) umgearbeitet, dem wohl bekanntesten unter seinen Gelegenheitswerken. [95]

Madama Butterfly

Im Sommer des Jahres 1900 begab sich Puccini zur englischen Premiere seiner *Tosca* (Covent Garden, 12. Juli) nach London. Während dieses Aufenthalts sah er im Duke of York's Theatre das Schauspiel «Madam Butterfly», das ihn tief beeindruckte, obwohl er vom englischen Text so gut wie nichts verstand. David Belasco, der Autor des Stücks, berichtet, daß ihn Puccini nach der Vorstellung im Künstlerzimmer aufsuchte, ihn umarmte und mit Tränen in den Augen um die Überlassung des Sujets für seine nächste Oper bat. [96]

Ob Belascos Darstellung den Tatsachen entspricht, mag bezweifelt werden. Fest steht jedoch, daß die bittersüße japanische Liebesgeschichte den Sieg über alle anderen Projekte davontrug, mit denen sich der Komponist damals beschäftigte. Es war dies eine kaum überschaubare Anzahl von literarischen Themen, beginnend bei Goldoni («Le baruffe chiozzotte», «La locandiera») über Victor Hugo («Notre Dame de Paris», «Les Misérables»), Dostojevskij («Aus einem Totenhaus») bis zu Rostand («Cyrano de Bergerac»), Daudet («Tartarin de Tarascon») und Gerhart Hauptmann («Die Weber»). Auch an eine Dante-Oper in drei Teilen («Inferno», «Purgatorio», «Paradiso») wurde gedacht. Überdies hatte es damals – wie auch später – mehrere Versuche gegeben, Gabriele d'Annunzio für eine Zusammenarbeit mit Puccini zu gewinnen. Italiens berühmtester Dichter und Italiens berühmtester Komponist mit einem gemeinsamen Werk – davon mochte man sich große Dinge erwarten. Doch trotz mehrerer Versuche kam es zwischen den beiden Künstlern zu keinem Einverständnis.

Es sagt sehr viel über die geistige Orientierung Puccinis aus, daß der Komponist unter so vielen wertvollen literarischen Vorlagen nichts Verwendbares finden konnte, daß es schließlich eine so mittelmäßige Erscheinung wie Belasco war, die als Gewinner hervorging – und dies sogar in zwei Fällen: sowohl *Madama Butterfly* als auch *La fanciulla del West* gehen auf Theaterstücke dieses Autors zurück.

In der literarischen Qualität von Puccinis Opernstoffen läßt sich von *Manon Lescaut* an eine rapid absteigende Linie feststellen. Abbé Prévost markiert den Höhepunkt, Murger liegt bereits etwas tiefer, bei Sardou ist die Zugehörigkeit zur ernsthaften Literatur bereits fraglich – und Belasco markiert eindeutig den Tiefpunkt.

Der Name dieses Theaterdichters ist heute kaum mehr bekannt, doch zu seiner Ära war Belasco, der «Bischof des Broadway», eine der erfolgreichsten Gestalten der amerikanischen und englischen Theaterszene. David Belasco (1853–1931), ein Amerikaner portugiesischer Abstammung, lebte in New York, wo er ein eigenes Theater leitete. Die Belasco-Bühne kann man als Vorstufe zur Ausstattungsrevue, zum Sensationskino ansehen. Die Stücke, die Belasco zum Großteil selbst verfaßte, boten vor allen Dingen die erstaunlichsten Effekte der Szenerie und der Dekoration. Das einaktige Stück «Madam Butterfly» war eine jener «Japonaiserien» oder «Chinoiserien», wie sie seit den Erfolgen von Sullivans «The Mikado» (1885) und Sidney Jones' «The Geisha» (1896) die Unterhaltungsbühnen überschwemmten. In seinem Instinkt für Publikumswirkung war der glänzende Geschäftsmann Belasco kaum zu übertreffen. Der künstlerische Wert seiner Produktionen stand freilich auf sehr niedriger Stufe. Belasco war ein echtes Original der damaligen Theaterwelt. Eine seiner Marotten bestand darin, daß er stets in der Tracht eines Priesters gekleidet erschien.

Giulio Ricordi hatte auf Puccinis Drängen im Sommer dieses Jahres an Belasco geschrieben, um sich die Rechte für das Stück zu sichern, doch erfolgte zunächst darauf keine Reaktion. *Je mehr ich an die «Butterfly» denke, desto mehr begeistere ich mich für sie ... Ich denke, man könnte aus dem einen Akt zwei gute von entsprechender Länge machen. Der erste in Nordamerika, der zweite in Japan. Illica würde dann die nötigen romanhaften Zutaten gewiß zu finden wissen.*[97]

Neun Monate martervoller Unruhe mußte der Komponist zubringen, bis endlich der Vertrag mit Belasco zustande kam. Anfang April 1901 waren alle rechtlichen Angelegenheiten geregelt, die «Trinitas» konnte wieder ans Werk gehen. Freilich war es nicht ganz einfach, aus der handlungsarmen Geschichte ein abendfüllendes Opernwerk zu gestalten. Die Grundlage des Sujets bildet eine kurze Erzählung von John Luther Long

81

(«Madam Butterfly», 1898 im «Century Magazine» veröffentlicht), die angeblich auf einer wahren Begebenheit beruht: ein amerikanischer Marineoffizier, der in Nagasaki stationiert ist, läßt sich aus reinem Amüsement mit einer Geisha nach japanischem Ritus trauen, kehrt aber schließlich in seine Heimat zurück und läßt seine Geliebte, die ihm ein Kind geboren hat, im Stich. Belasco hat diese Kurzgeschichte zu einem Bühnenstück umgeformt, das am 5. März 1900 im Herald Theatre in New York uraufgeführt und bald darauf in London gezeigt wurde. Sowohl Belasco als auch später Giacosa und Illica haben die Grundzüge von Longs Erzählung wie auch die Namen der Hauptfiguren ohne wesentliche Änderungen übernommen.

An der dramatischen Struktur des Operntexts wurde lange gearbeitet. Der erste Plan, das Stück zum Teil in Amerika, zum Teil in Japan spielen zu lassen, wurde bald aufgegeben. Gegen Giacosas ernste Vorbehalte bestand Puccini auf der – völlig ungewöhnlichen – Form von zwei Akten. An Ricordi schrieb er am 16. November 1902: *Ich bin zwei Tage lang in sehr schlechter Laune gewesen, und wissen Sie warum? Weil das Textbuch, so wie es vorliegt, vom zweiten Akt an (d. h. nach dem jetzigen zweiten Akt) unmöglich ist; und diese Erkenntnis hat mich sehr bekümmert. Jetzt aber bin ich davon überzeugt, daß die Oper zweiaktig sein muß!! Erschrecken Sie nicht! Die Szene auf dem Konsulat* (ein Intermezzo, das Illica vorgeschlagen hatte) *war ein schwerer Fehler. Das Drama muß ohne Unterbrechung zu Ende gehen, knapp, wirkungsvoll und furchterregend! Wenn wir es bei den drei Akten lassen, gehen wir dem sicheren Fiasko entgegen. Sie werden sehen, lieber Signor Giulio, daß ich recht habe ... Sorgen Sie sich nicht wegen dieser Zweiaktigkeit! Der erste dauert eine gute Stunde und mehr, vielleicht sogar anderthalb Stunden. Aber welche Fülle von Wirkungen! Ich bin gewiß, mein Publikum zu fesseln und es nicht unbefriedigt nach Hause zu schicken, wenn ich es so mache. Und wir werden auf diese Weise eine neuartige Opernform haben, die dennoch abendfüllend ist.*[98]

Von Anfang an wandte Puccini diesem Opernstoff seine ganze Liebe zu, in weit höherem Ausmaß sogar, als dies bei seinen früheren Arbeiten der Fall war. Diese Verliebtheit hat sich allerdings zum Nachteil für das Werk ausgewirkt: in *Madama Butterfly* erscheint der sonst so sichere dramatische Blick Puccinis ein wenig getrübt.

Die Komposition erfolgte in den Anfangszeiten in einem Zustand glücklicher Gelöstheit. *Ich habe Butterflys Auftritt gemacht und bin damit sehr zufrieden. Abgesehen davon, daß er ein wenig «italienisch» ist, macht er große Wirkung, sowohl durch die Musik als auch durch die szenische Anordnung, die ich mir ausgedacht habe.*[99] Puccini vertiefte sich zu dieser Zeit in das Studium japanischer Musik, er trat mit der berühmten japanischen Schauspielerin Sada Jacco in Verbindung (die Künstlerin gab damals ein Gastspiel in Mailand), ebenso auch mit der Gattin des japanischen Botschafters in Italien. *Sie hat mir viele interessante Dinge erzählt und mir Lieder ihrer Heimat vorgesungen. Sie versprach mir, Noten von der Musik ihres Heimatlands schicken zu lassen.*[100] Aus dieser Phase reicher Produktivität wurde Puccini jäh herausgerissen: in der Nacht vom 25. zum 26. Februar 1903 erlitt er einen Autounfall, der ihn beinahe das Leben gekostet hätte. Eine seiner größten Leidenschaften, das Autofahren – damals noch eine Neuheit –, war ihm damit zum Verhängnis geworden. Der Komponist wurde im Zustand der Bewußtlosigkeit aus den Trümmern seines Lancia geborgen, neben vielen anderen Verletzungen hatte er sich einen komplizierten Bruch des rechten Schienbeins zugezogen. Der Genesungsprozeß währte sehr lange, nicht zuletzt deshalb, weil das Bein wegen schlechter Heilung ein zweites Mal gebrochen werden mußte. Viele Wochen brachte Puccini im Bett und im Rollstuhl zu. Im Zuge der ärztlichen Untersuchungen stellten sich bei ihm Anzeichen von Diabetes heraus, worauf ihm eine Diät mit Strychnin und Karlsbader Wasser verordnet wurde.

Dies alles wirkte auf den feinfühligen Künstler ungemein deprimierend. Zu musikalischer Arbeit fühlte er sich völlig unfähig. Die Briefe, die er vom Krankenbett aus schrieb, drücken den Zustand äußerster Desparation aus. (An Illica: *Addio tutto, addio Butterfly, addio vita mia!*)[101]

Erst im Spätsommer des Jahres stellte sich Besserung ein. Ein Aufenthalt in der Alpenlandschaft von Boscolungo war von heilsamer Wirkung. *Ich bin frisch und munter wie ein Fink zurückgekehrt,* schrieb er Ende August an Ricordi, *aber gehen kann ich nur mit größter Anstrengung und immer mit zwei Stöcken. Mein Allgemeinbefinden ist ausgezeichnet.*[102]

Im September reiste er – freilich unter größten Anstrengungen – nach Paris, um den ersten Aufführungen der *Tosca* an der Opéra-Comique beizuwohnen. Nach seiner Rückkehr ging die Arbeit an der *Butterfly* mit neuer Energie weiter, die Oper konnte am 27. Dezember 1903 beendigt werden.

Als Premierenort war die Mailänder Scala ausersehen worden, die sich zu dieser Zeit unter der Direktion Giulio Gatti-Casazzas befand. Regisseur und Produktionsleiter der Aufführung war Tito Ricordi. Für diese Premiere, die als große Operngala aufgezogen werden sollte, verlangte Tito Ricordi einige Maßnahmen, die gleich von Anfang an Mißstimmung erzeugten. «So waren die Künstler verpflichtet, ihre Partien einzig und allein im Opernhaus einzustudieren», berichtet Gatti-Casazza, «es war ihnen nicht einmal erlaubt, die Klavierauszüge mit nach Hause zu nehmen. Bei den Proben war niemand Fremder zugelassen, nicht einmal der Presse war der sonst übliche Zutritt zu den Kostümproben gestattet.»[103]

Von diesen Randerscheinungen abgesehen war die Stimmung bei den Proben ausgesprochen optimistisch, alle rechneten mit einem glänzenden Erfolg des Werks. Ein ausgezeichnetes Team von Künstlern stand zur Verfügung: Rosina Storchio in der weiblichen Hauptpartie, Giovanni Zenatello (Pinkerton), Giuseppe de Luca (Sharpless), der Dirigent Cleofonte Campanini. Die Dekorationen wurden nach Entwürfen des bekannten französischen Bühnenbildners Lucien Jusseaume angefertigt.

Am Tag der Premiere übersandte Puccini der Sängerin Storchio folgendes Billett: *Liebe Rosina, meine guten Wünsche sind völlig überflüssig. Ihre Kunst ist so wahrhaftig, so zart, so eindrucksvoll, daß das Publikum ganz bestimmt davon bezwungen sein wird! Und ich hoffe, mit Ihrer Hilfe einen Sieg zu erringen! Somit auf heute abend, mit ruhigem Herzen und mit all meiner Zuneigung, liebste Freundin!*[104]

Diese Stimmung der Zuversicht sollte sich jedoch als trügerisch erweisen. Die Premiere der *Madama Butterfly* am 17. Februar 1904 ist als eines der größten Fiaskos in die Operngeschichte eingegangen. Die Gründe für diese katastrophale Niederlage sind niemals ganz geklärt worden, sie können kaum im Werk selbst zu finden sein, das sich ja bereits wenig später als einer der größten Publikumserfolge aller Opernzeiten erweisen sollte. Man konnte wohl mit dem Vorhandensein gewisser feindlicher Cliquen rechnen – Puccini besaß zu dieser Zeit begreiflicherweise bereits

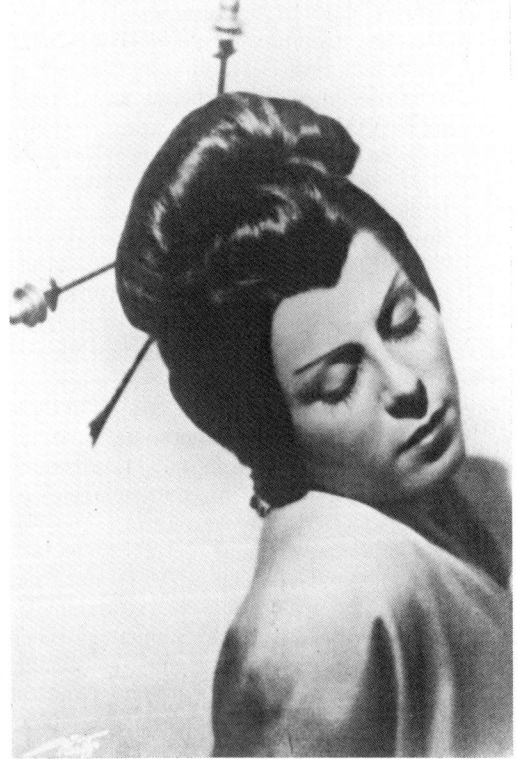

Maria Cebotari
(1910–49)
als Cio-Cio-San in
«Madama Butterfly»

viele Neider –, doch eine derartige Orgie von Gehässigkeit hatte niemand erwartet. Ein Augenzeuge (Arthur M. Abell) berichtet, daß sich die feindselige Stimmung des Publikums gleich vom ersten Moment an bemerkbar machte. Während der Aufführung kam es zu ohrenbetäubendem Lärm, zu Gelächter, Pfui-Rufen und Pfiffen. Zwischenrufe wie «Vecchia stoffa» (Altes Zeug, haben wir alles schon gehört) ertönten.[105] Bevorzugtes Ziel der Angriffe war die Sängerin Storchio, von der man wußte, daß sie ein intimes Verhältnis mit Toscanini hatte. Rosina Storchio wurde durch beleidigende Zwischenrufe so sehr irritiert, daß sie vor Wut und Gram zusammenbrach und weinte. «Im zweiten Akt gab es freundlichen Beifall für das Duett zwischen Butterfly und dem Konsul wie auch für das Blumen-Duett. Aber der Rest war ein Desaster», berichtet Gatti-Casazza. Nach dem Fallen des Vorhangs «absolut eisige Stille. Kein Jota von Applaus, nicht einmal ein Zischen, kein einziger Laut. Nichts! Die Oper schien tot und begraben.»

Am schlimmsten betroffen war von diesen Vorgängen freilich der Schöpfer des Werks. «Ich sehe ihn noch vor mir», schreibt Gatti-Casazza, «wie er auf seinen Stock gestützt dastand, mit langgezogenem, traurigem Gesicht, das eigentlich nichts anderes als Verwunderung über diesen unerwarteten Empfang ausdrückte.»[106]

Die Zeitungen brachten die Nachricht von Puccinis Niederlage in Schlagzeilen, die Kritiken nannten das Werk als unrettbar, als Totgeburt. Sogleich nach der ersten Aufführung zog Puccini sein Werk zurück und refundierte der Scala sein Honorar. *Madama Butterfly* ist zu Lebzeiten des Komponisten nie wieder an der Scala gespielt worden, erst ein Jahr nach seinem Tod wurde die Oper in den Spielplan des Hauses aufgenommen.

Ich bin noch immer völlig niedergeschlagen von all dem, was passiert ist, schrieb Puccini wenige Tage nach der Katastrophe an seinen Freund Camillo Bondi, *nicht sosehr davon, was man meiner armen «Butterfly» angetan hat, als vielmehr von dem Gift, mit dem man mich als Künstler und Mensch bespien hat. Ich kann mir nicht erklären, warum man mir das alles angetan hat, da ich mich doch von allem menschlichen Umgang fernhalte ... Diese Uraufführung war ein danteskes Inferno, seit langem vorbereitet.* Trotz dieser bitteren Erfahrungen war sein Glaube an die Zukunft der Oper nicht zu erschüttern: *«Madama Butterfly» wird bleiben, was sie ist: die seelenvollste, ausdrucksreichste Oper, die ich je geschrieben habe. Und zuletzt werde ich siegen!*[107]

Puccini unterzog in relativ kurzer Zeit das Werk einer Umarbeitung, die nicht allein eine neue dramaturgische Form (in drei Akten), sondern auch einschneidende Kürzungen mit sich brachte. Offenbar war ihm selbst die Erkenntnis gekommen, daß sich die beiden überlangen Akte der Urfassung als Fehlgriff erwiesen hatten. (Toscanini sagte damals: «Ich dachte sofort: diese Länge ist unmöglich. Bei Wagner, ja! Bei Puccini, nein!»[108]) Die neubearbeitete *Butterfly* kam im Teatro Grande in Brescia am 28. Mai 1904 zur ersten Aufführung (mit Salomea Krusceniski in der Hauptrolle) – diesmal mit grandiosem Erfolg. Die Oper eroberte sich hinfort rasch die internationalen Spielpläne. Puccini fügte für spätere Aufführungen noch mehrere Änderungen ein, darunter für London (1905) und Paris (1906). Die gebräuchliche, seither auf allen Bühnen gegebene Version ist jene aus dem Jahre 1906.[109]

Puccini hat *Madama Butterfly* oftmals als seine schönste und liebste Oper bezeichnet. *Die Musik zur Butterfly wurde mir von Gott diktiert.*[110] Diesem Urteil des Komponisten steht der etwas zweifelhafte Ruf gegenüber, den sich gerade dieses Werk bei den musikalischen Ästheten erworben hat. Ein Hang zur Süßlichkeit ist der Musik zur *Butterfly* nicht abzusprechen; bei der Seichtheit des Sujets könnte man sogar von opernhaftem Courths-Mahler-Stil reden. *Madama Butterfly* besitzt bei weitem nicht die konzentrierte dramatische Form einer *Tosca*. Dem geschickt und lebendig aufgebauten I. Akt folgen zwei undramatische, zum Teil einförmig-larmoyante Teile. Die Tenorrolle, sonst bei Puccini immer leuchtend hervorgehoben, ist hier nur blaß geraten, sie besitzt nur im I. Akt ergiebige Momente. Zu dem kommt, daß dieser Leutnant Pinkerton (in der deutschen Übersetzung von Alfred Brüggemann wurde daraus der Name Linkerton, um Assoziationen mit einer bekannten Figur aus Detektivromanen zu vermeiden) allzu viele unsympathische Eigenschaften besitzt.

Andererseits sind die inspirierten Stellen des Werks so stark und bedeutend, daß sich die zeitlose Wirkung der *Madama Butterfly* ohne weiteres erklären läßt. Gleich die Orchestereinleitung der Oper, dieses hurtige Fugato, das «wie mit feiner Tusche gezeichnet» erscheint und den Hörer sogleich in die zierliche, luftige Welt der Bambushäuschen versetzt (Richard Specht) [111], zählt zu den genialsten Einfällen Puccinis.

Bühnenbild zu «Madama Butterfly». Krolloper Berlin, 1931

Madama Butterfly gilt als die erste von Puccinis «exotischen» Opern, zu denen auch noch *La fanciulla del West* und *Turandot* zu zählen sind. Der Begriff «exotisch» ist jedoch bei Puccini mit gewissen Vorbehalten zu verwenden, da das Fremdländische, «Zigeunerische» zu einer Grundkomponente seiner musikalischen Ausdrucksweise gehört. Die häufige Verwendung von Quinten- und Quartenfolgen, die Häufung von Nebenakkorden, die Verwendung der Ganztonleiter, der Mixturtechnik – dies alles findet sich in sämtlichen Opern aus Puccinis Reifejahren vor. Im Grunde ist Puccinis Paris in *La Bohème* «kaum weniger exotisch als der Ferne Osten oder der Goldene Westen». (Carl Dahlhaus).[112]

Neu in *Madama Butterfly* ist der Gebrauch der Fünftonreihe, eines authentischen Prinzips asiatischer Musik. Auch sind mehrere Motive japanischer Volksmusik, die Puccini durch Noten und Schallplatten kennengelernt hat, in die Partitur der Oper eingedrungen. In der Instrumentation wird das fremdartige Kolorit durch Tamtam, Röhrenglocken und anderem bewirkt. Doch kommt allen diesen Dingen nur kulissenhafte Bedeutung zu, denn die großen lyrischen Abschnitte der Oper (das Liebesduett oder Butterflys Arie *Un bel di vedremo* [Eines Tages sehen wir]) halten sich weitgehend von aller Milieubetonung fern. Am wenigsten erscheint die Absicht exotischer Kostümierung in der Figur des Leutnants Pinkerton verwirklicht, den Puccini *so amerikanisch wie nur möglich*[113] singen lassen wollte. Abgesehen vom Zitat der amerikanischen Hymne ist von solchen Intentionen nicht viel zu bemerken.

Wie Puccini in späteren Tagen betont hat, war es vor allem *die vom Hauch des Todes umgebene Atmosphäre des Stücks,* zu der er sich hingezogen fühlte.[114] In der Zeichnung dieser Todesstimmung, die von Anfang an über dem dramatischen Geschehen lastet, ist der starke künstlerische Akzent des Werks begründet.

Zusammen mit *La Bohème* und *Tosca* stellt *Madama Butterfly* die Trias der erfolgreichsten Opern Puccinis dar. Die Schattenseiten solcher weltweiter und immerwährender Popularität liegen darin, daß man diesen Werken im Alltagsrepertoire nur geringe Aufmerksamkeit zuwendet, daß man sie oft ungeprobt, in geistloser Inszenierung zur Aufführung bringt. Es hat jedoch immer wieder Versuche gegeben, die überzeugend bewiesen haben, daß durch gründliche musikalische Einstudierung und gedankenvolle Regie aus diesen «abgespielten» Opern weit mehr an geistigem Gehalt herauszuholen ist, als dies gemeinhin angenommen wird.[115]

Via crucis

Es mag etwas Wahres daran sein, wenn Richard Specht meint, die Biographie Puccinis endige mit den Jahren seiner Berühmtheit: «Der Künstler lebt nicht mehr – er wird gelebt.»[116]

Die letzten beiden Lebensjahrzente Puccinis, die Zeit ab *Madama Butterfly*, trugen dem Komponisten Ruhm und Reichtum in Hülle und Fülle ein. Puccini genoß den unermeßlichen Erfolg seiner Opern, der sich im wahrsten Sinn in aller Welt ausbreitete, er ließ sich gern ehren und feiern, auch wenn er stets betonte, daß ihm an solchen Auszeichnungen nicht viel

Puccini vor seiner Villa in Chiatri

gelegen sei. Dennoch – das Bewußtsein, nach harten Anfangsjahren zu höchster Weltberühmtheit aufgestiegen zu sein, mochte ihn mit Stolz erfüllen. *Ich bin mit Zola, Sardou, Daudet befreundet; wer hätte sich das je denken können? Ich, der arme kleine Organist aus Mutigliano?!*[117]

An seinen Lebensgewohnheiten änderte sich nicht mehr viel. Wohl vergrößerte sich die Anzahl seiner Motorboote und Autos, sein Lebensstil wurde etwas luxuriöser – im Grunde aber blieb er weiterhin der einfache Naturmensch ohne höhere Bedürfnisse. Die Jagd auf Wasservögel, auf Operntexte und Frauen – dies machte nach eigenem Zeugnis sein Lebensrezept aus.[118]

Künstlerisch bedeuten diese zwanzig Jahre von 1904 bis 1924 ein Postludium, einen matten Nachhall einstiger Größe. *La fanciulla del West*, das Opernwerk, das in siebenjährigem Abstand der *Butterfly* folgte, wurde zwar als Sensation herausgebracht, blieb aber ohne größeres Nachleben. *La Rondine* war ein Mißerfolg. Vom *Triptychon* vermochte sich nur *Gianni Schicchi* Anerkennung zu verschaffen. Mit keinem dieser Werke konnte an frühere Erfolge angeknüpft werden. Und die Aufführung jener

Erste Seite eines bisher unveröffentlichten Briefs von Puccini an Gustav Mahler. 1903

Viareggio. Puccini auf seiner Yacht «Cio-Cio-San»

Oper, die dem Komponisten unerwartete künstlerische Rehabilitierung eintrug (*Turandot*), durfte Puccini nicht mehr erleben.

Luigi Illica hat einmal den Ausspruch getan: Puccini ist wie ein Uhrwerk, das rasch aufgezogen ist und ebenso rasch wieder abläuft.[119] Eine Auffassung, die vermutlich von sehr vielen Zeitgenossen geteilt wurde. Puccini selbst scheint sich darüber im klaren gewesen zu sein, daß man ihn für einen «überlebten» Musiker hielt, der der Jetztzeit nichts mehr zu sagen hatte.

Dazu der Aufbruch moderner Musik, der sich ab der Jahrhundertwende mit aller Entschiedenheit bemerkbar machte. Obwohl Puccini den meisten Tendenzen neuer Musik (etwa der Zwölftonmusik) fernstand und seiner ganzen künstlerischen Veranlagung nach fernstehen mußte, war er im höchsten Grad an allen Neuerungen interessiert, studierte die neuesten Werke, unternahm weite Reisen, um Aufführungen zeitgenössischer Opern und Konzerte zu besuchen.

Ein Jahr nach *Madama Butterfly* gelangte «Salome» von Richard Strauss zur Uraufführung (Dresden 1905). Von da an hatte Puccini einen starken Rivalen im Opernreich zur Seite, einen Rivalen von ganz anderer Statur als dies Massenet war, der bis dahin als einziger zeitgenössischer Komponist an Puccinis Geltung heranzureichen vermochte – wenn auch mit beträchtlichem Abstand. Puccinis Stellung als «primo uomo» der Oper konnte zwar durch Strauss nicht gefährdet werden (die Werke des deutschen Komponisten erreichten niemals ähnliche Verbreitung wie etwa *La Bohème* oder *Tosca*), doch kann kein Zweifel darüber bestehen,

Puccini in späten Lebensjahren

daß das Neuartige und Umstürzende im musikdramatischen Werk von Richard Strauss für Puccini eine Herausforderung bedeutete.

Puccinis Wertschätzung für die Orchesterwerke von Richard Strauss war aufrichtig. *Lieber Maestro*, hatte er im Jahre 1900 an Strauss geschrieben, *erlauben Sie, daß ich Ihnen ausdrücke, wie sehr ich voll Bewunderung und Begeisterung für Ihre herrlichen Werke bin!*[120] Mit den Opern konnte er sich hingegen nicht so sehr anfreunden. «Salome» interessierte ihn, wenn ihn auch *der Liebestod der Heldin mit der Silberschüssel* verstimmte.[121] *Salome geht noch*, schrieb er 1909, *aber Elektra – das ist zuviel!*[122] Den späteren Opernwerken Strauss' ab «Rosenkavalier» vermochte er überhaupt nichts abzugewinnen. Was ihn an Strauss weiterhin irritieren mochte, war die betont lockere Art, mit welcher der Komponist manchmal beim Einstudieren seiner Werke vorging. *Strauss hat auf der Probe* («Salome» in Neapel, 1908), *um das Orchester zu einem möglichst rohen und kraftvollen Spiel anzufeuern, gesagt: «Meine Herren, hier handelt es sich nicht um Musik, das muß sich anhören wie im zoologischen Garten: blasen Sie mit aller Kraft in Ihre Instrumente!» Tatsache!*[123]

Neben Strauss war es vor allem Debussy, dessen Schaffen er mit großer Aufmerksamkeit verfolgte. In Paris sah er (1906) «Pelléas et Mélisande», er fand an diesem Werk *außergewöhnliche harmonische Qualitäten, die Instrumentation unerhört durchsichtig, alles wirklich sehr interessant, insgesamt aber allzusehr in «düsteren» Farben, allzu einförmig – wie ein franziskanisches Mönchsgewand. Aber das Sujet ist unerhört fesselnd, nimmt die Musik richtig in Schlepptau.*[124] Übrigens erwog Puccini selbst damals noch, eine Pelléas-Oper zu schreiben.

Die Beschäftigung mit Strauss und Debussy hat sicherlich Spuren in Puccinis spätem Opernschaffen hinterlassen, doch geht man entschieden zu weit, wenn man von direkter Einflußnahme spricht (besonders die Einwirkung Debussys wird oft überschätzt).

Alle diese Veränderungen im Reich der Musik können jedoch kaum jenen Zustand der Niedergeschlagenheit ausgelöst haben, in welchem Puccini einen großen Teil seiner späten Jahre zubrachte. (Der Komponist selbst sprach von einer *via crucis*[125], einem Kreuzweg.) Die Ursachen lagen in einer depressiven Veranlagung, die sich in zunehmendem Alter verstärkte. (*Ich habe stets einen großen Sack Melancholie mit mir herumgeschleppt.*[126]) Nicht zuletzt handelte es sich dabei um ein Erbteil seiner Heimat, um die sprichwörtliche «mestizia toscana», die toskanische Schwermut. Die depressiven Anfälle waren ihm vom Gesichtsausdruck abzulesen («povera faccia» [armes Gesicht] nannte man dies im Freundes- und Familienkreis).

Einige Todesfälle, die sich in den Anfangszeiten des neuen Jahrhunderts ereigneten, riefen in ihm große Erschütterung hervor. Im Jahre 1901 war Verdi im Alter von 88 Jahren gestorben. Puccini nahm nicht nur bei der Trauerfeier in der Mailänder Scala (1. Februar 1901) teil, er war auch – als offizieller Vertreter der Stadt Lucca – bei der Bestattung des Leichnams in der Casa Verdi in Mailand anwesend.

Puccinis Verhältnis zu Verdi läßt sich aus vorhandenen Zeugnissen nicht ganz klar ablesen. Merkwürdigerweise ist seine Einstellung zu Wag-

*Giuseppe Verdi (1813–1901). Porträt mit Widmungsworten
für Puccini*

ner viel deutlicher erkennbar: seit früher Jugend war Puccini ein großer
Verehrer Wagners, vor allem für «Tristan», «Meistersinger» und «Parsifal» hegte er grenzenlose Bewunderung. Puccini setzte übrigens 1912 die
deutsche Musikwelt in Erstaunen, als er sich an einem Aufruf gegen die
Freigabe des «Parsifal» außerhalb Bayreuths beteiligte. Dennoch kann
kein Zweifel darüber bestehen, daß Verdi für ihn das größte und höchste
Ideal bedeutete. *Bei aller Bewunderung für Wagner muß ich gestehen, daß
mir Verdis Opern ebensoviel, wenn nicht sogar mehr Freude bereiten, da
sie so viele lyrische Schönheiten aufzuweisen haben.*[127]

Puccini hat als Opernkomponist einen völlig anderen Weg eingeschlagen als Verdi, es gibt zwischen den beiden Komponisten nicht allzu viele Gemeinsamkeiten. Die Herkunft, der Entwicklungsgang, die geistige, ethische, politische Orientierung – all dies verläuft in getrennten Bahnen. Auch musikalisch läßt sich von einem Vorbild Verdis nicht allzuviel nachweisen. Am ehesten scheint «Falstaff» mit seinem Konversationston auf Puccini eingewirkt zu haben – doch gerade dieses Werk schätzte der Komponist nicht allzu hoch ein: *... die früheren Opern zeigen den wahren Verdi besser als «Falstaff». Aber ich bin erstaunt, daß er ihn schrieb. Trotzdem war Verdis Muse im wesentlichen tragisch.* [128]

Es wird gelegentlich in Zweifel gezogen, ob es jemals zu persönlicher Begegnung unter den beiden Komponisten gekommen ist. Es gibt allerdings Äußerungen Puccinis, aus denen hervorgeht, daß er dem greisen Meister Besuche abgestattet hatte, es existiert auch eine Fotografie Verdis mit Widmung an Puccini. Auf alle Fälle können dies nur kurze, förmliche Begegnungen gewesen sein. Was mag Puccini davon abgehalten haben, zu Verdi in nähere Verbindung zu treten? Durch Ricordis Vermittlung wäre ein solcher Zugang leicht möglich gewesen. Verdis bekannte Menschenscheu kann nicht die ausschlaggebende Ursache gewesen sein.

Puccini, Tito Ricordi

So mag leicht die Vermutung aufkommen, daß es reine Überheblichkeit war, die den jungen, erfolgreichen Komponisten davon abhielt, mit Italiens musikalischem «Nationalheiligtum» in näheren Kontakt zu treten.

Daß gerade das Gegenteil davon der Fall war, daß es nur übergroße Ehrfurcht war, die jeder Annäherung im Wege stand, geht aus einer – nur wenig bekannt gewordenen – Komposition Puccinis aus dem Jahre 1905 hervor. Es ist dies das *Requiem* für dreistimmigen Chor, Orgel und Solo-Viola, dem Andenken Verdis (zum vierten Todestag) gewidmet. Dieses kleine Werk (die Aufführungsdauer beträgt etwa zehn Minuten) löst alle Rätsel, es drückt mehr an Devotion und anbetungsvoller Verehrung aus, als dies Worte vermögen.

Puccini hat sich übrigens stets dagegen verwahrt, als «Kronprinz» oder gar als «Nachfolger» Verdis bezeichnet zu werden. Wenn ihm dieses Prädikat begegnete, konnte er leicht in Zorn geraten. *Der Nachfolger – was für ein Unsinn!*[129]

Im Jahre 1906 starb Giacosa – und damit war es auch mit der «Trinitas» zu Ende. Puccini hat zwar einige Opernpläne mit Illica («Gigi» genannt) versucht, doch kamen keine Resultate zustande.

Und als im Jahre 1912 Giulio Ricordi starb, hatte Puccini den großen Schutzpatron seiner erfolgreichsten Künstlerjahre verloren. Zu Tito Ricordi (1865–1933), dem Sohn Giulios und Nachfolger in der Leitung des Musikverlags, hatte Puccini ein sehr wechselhaftes Verhältnis. Es war zwar auch zwischen «Don Giulio» und Puccini oft zu Differenzen gekommen, doch hatte man stets wieder zu einem Ausgleich gefunden. Tito Ricordis imperatorische Wesensart machte hingegen die Zusammenarbeit so schwer, daß es zu regelrechten Krisen kam. Tito schied übrigens 1919 freiwillig aus der Firma aus. Carlo Clausetti, ein guter Freund Puccinis, wurde sein Nachfolger.

Ein weiteres Ereignis, das dem Komponisten nicht gleichgültig bleiben konnte: Im Jahre 1912 veröffentlichte Fausto Torrefranca, der gelehrte Bibliothekar des Conservatorio San Pietro in Neapel, ein Buch mit dem Titel «Giacomo Puccini e l'opera internazionale», in welchem das Werk Puccinis in vernichtender Weise kritisiert wurde, in dem sogar gegen den Komponisten der Vorwurf erhoben wurde, den Untergang der italienischen Musik heraufbeschworen zu haben. Puccini, der sich in solchen Fällen stets als «Gentleman» verhielt, hat sich mit keinem Wort zu dieser Schrift, die weite Verbreitung gefunden hat, geäußert. Doch sicher hat er sie gekannt.

Andererseits brachten ihm diese Jahre auch manches Angenehme. Im Sommer 1905 begab er sich auf Einladung der argentinischen Tageszeitung «La Prensa» nach Buenos Aires, um einem fünfteiligen Zyklus seiner Werke (von *Edgar* bis *Madama Butterfly*) beizuwohnen. Es war dies die erste transatlantische Reise Puccinis. Eine großartige Ehrung für den Komponisten, die deshalb nicht ganz unerwartet kam, da Puccinis Opern von Anfang an in Südamerika überaus erfolgreich waren (nicht zuletzt wegen der hohen italienischen Einwohnerrate dieses Kontinents).

Zwei Jahre danach: New York. Ebenso wie auf seiner südamerikanischen Reise wurde er auch diesmal von Elvira begleitet. Grund der Reise war ein sechswöchiges Puccini-Fest an der Metropolitan Opera (Januar und Februar 1907). Das Schiff kam mit einiger Verspätung an, *wir landeten um sechs, und um acht war ich schon in der Oper*[130]. Es war dies die erste Met-Aufführung von *Manon Lescaut* (mit Lina Cavalieri und Enrico Caruso). Auch hier wurde Puccini mit Triumphen und Ehrungen überhäuft. Diese Reisen trugen ihm reichlichen finanziellen Ertrag ein. Von New York zeigte er sich sehr fasziniert, er suchte den berühmten Erfinder Edison in seinem Laboratorium auf (für technische Neuheiten besaß er seit jeher ein Faible), er sah im Belasco-Theater das Schauspiel «The Girl of the Golden West», das ihm den Stoff für seine nächste Oper liefern sollte.

In jene Jahre fällt auch eine wichtige, vielleicht sogar die wichtigste Bekanntschaft seiner späteren Lebensjahre – mit der Engländerin Sybil Seligman. Puccini hatte die musikbegeisterte junge Frau, die mit einem Londoner Bankier verheiratet war, bereits 1904 in Brescia kennengelernt (bei der erfolgreichen *Butterfly*-Aufführung). Als sich der Komponist ein Jahr danach in London aufhielt, kam es durch die Vermittlung Paolo Tostis zu näherer Verbindung. (Tosti lebte seit 1880 in London.) Sybil Seligman, eine talentierte Amateursängerin, war Schülerin Tostis, sie beherrschte die italienische Sprache perfekt und war eine glühende Verehrerin von Puccinis Musik. Es waren somit viele Voraussetzungen für ein engeres Zusammenfinden gegeben. Am Beginn stand ein leidenschaftliches Liebesverhältnis, das sich jedoch später zu einer reinen und tiefen Seelenfreundschaft abklärte. Niemand anderem gegenüber hat Puccini sein Innenleben so offen dargelegt wie dieser Frau, der er im Laufe von zwanzig Jahren an die 700 Briefe geschrieben hat.[131]

In krassem Gegensatz zu dieser Verbindung, deren Grundlagen Verständnis, Einfühlung und tiefe Sympathien waren, stand die private Sphäre, in der sich Puccini befand. Elvira hatte ihm kaum anderes zu bieten als Eifersucht, Mißtrauen, üble Laune. Im Jahre 1903 war Elviras Gatte Narciso Gemignani verstorben, es bestand nun für das Paar kein Hindernis mehr, die bereits seit fast zwanzig Jahren bestehende Gemeinschaft durch Eheschließung zu legalisieren. Doch auch die Verheiratung (1904) vermochte die Atmosphäre des Unfriedens nicht zu beseitigen, die bereits seit langem zwischen den beiden ungleichen Charakteren bestand. Elvira Puccini (1860–1930) hat sich als Prototyp einer tyrannischen, verständnislosen Künstlergattin traurigen Ruhm erworben. Nicht ganz zu Recht, denn an der seelischen Verhärtung dieser Frau trug Puccini sicherlich die Hauptschuld. Der Komponist hat seine Gefährtin und spätere Gattin zu ungezählten Malen betrogen, er unterhielt mitunter Liebesver-

Sybil Seligman

hältnisse, die tief unter seinem Niveau lagen, für längere Zeiten leistete er sich regelrechte «Nebenfrauen», bei denen er lebte und wohnte. Er ließ Elvira oft allein, unternahm lange und weite Reisen in Gesellschaft lustiger Gefährten.

Ein besonderes Verhängnis dieser Verbindung bestand darin, daß Elvira nicht das mindeste Interesse für das künstlerische Schaffen ihres Mannes aufbrachte – und auch nicht aufbringen konnte. Wohl genoß sie es, die Gattin eines weltberühmten Künstlers zu sein, doch wichen ihre Vorstellungen vom «großen Leben» sehr wesentlich von jener Realität ab, die ihr geboten wurde. Genaugenommen war ihr alles widerwärtig, was Puccini liebte. Sie haßte Torre del Lago, das Leben in der Einöde, die zum Teil recht primitiven Vergnügungen ihres Mannes. Daß es unter solchen Verhältnissen oft zu bösen Differenzen kommen mußte, war reine Selbstverständlichkeit. Eine Äußerung Puccinis aus der Entstehungszeit der *Madama Butterfly* deutet darauf hin: *Ich habe eine häßliche Zeit voller Stürme durcherlebt . . . nun scheint es wieder etwas Ruhe zu geben.*[132]

Die Hauptquelle des häuslichen Unfriedens war und blieb Elviras Eifersucht. Eine Eifersucht, die sich mit fortschreitenden Jahren ins Pathologische steigerte. Dadurch kam es auch zu jener schrecklichen Begebenheit, die als «Affäre Doria» durch die Boulevardpresse ging und das Ansehen Puccinis vor aller Welt beschmutzte.

Bald nach dem Autounfall Puccinis hatte man ein junges Mädchen aus Torre del Lago als Pflegeperson ins Haus genommen: Doria Manfredi, die sich als so tüchtige Hilfskraft erwies, daß man ihr bald eine wichtige Stellung in Puccinis Haushalt anvertraute. Doria füllte ihr Amt mit größter Gewissenhaftigkeit aus und hing in anbetender Verehrung an ihrem Maestro. In völligem Mißverstehen der Situation witterte Elvira ein Liebesverhältnis zwischen ihrem Mann und Doria und verfolgte von nun an das Mädchen mit Haß und Verleumdung. Schließlich setzte sie ihre Entlassung durch, verfolgte sie aber noch weiterhin mit schlechter Nachrede. Doria Manfredi nahm sich die Anschuldigungen so sehr zu Herzen, daß sie Selbstmord durch Vergiften beging (sie starb am 28. Januar 1909).

Dieser Vorfall löste ungeheures Aufsehen aus. Dorias Angehörige traten als Kläger auf, es kam zu einem spektakulären Prozeß, in welchem Elvira zu einer Zuchthausstrafe von fünf Monaten verurteilt wurde (später wurde der Gerichtsspruch durch Puccinis Vermittlung auf eine Zahlung von 20000 Lire an die Familie Manfredi abgewandelt).

Es wirft ein sehr bezeichnendes Licht auf die Psyche dieser Frau, daß die tragische Begebenheit weder Reue noch Einsicht in ihr hervorrief. Selbst so unanfechtbare Beweise wie das ärztliche Attest von Dorias Unschuld vermochte nichts an ihrer Überzeugung zu ändern, völlig im Recht gehandelt zu haben. Elvira verließ Torre del Lago, begab sich mit ihrem Sohn Tonio nach Mailand und lehnte in trotziger Verbitterung für längere Zeit jegliche Verständigung mit ihrem Mann ab.

Puccini wurde von diesem Vorfall mit furchtbarer Härte getroffen. Der empfindliche Künstler, den bereits eine feindselige Äußerung, eine unfreundliche Kritik in den Zustand völliger Lähmung und Desparation versetzen konnte, geriet dadurch an den Rand der Verstörung. Zur Zeit, da diese Affäre ihrem Höhepunkt entgegentrieb, zog er sich nach Paris, später nach Rom zurück. *Ich mache jetzt die traurigste Zeit meines Lebens durch*, schrieb er an Sybil. *Das ist das Ende meines Familienlebens, das Ende von Torre del Lago.* An anderer Stelle: *Meine Nächte sind grauenvoll ... Schlaf finde ich nur mehr mit Veronal ... Ich bin verzweifelt und weine. Immer habe ich die Vision des armen Opfers vor Augen, ich kann das nicht mehr aus meinen Gedanken bringen, es ist eine unausgesetzte Qual!*[133]

Das traurige Schicksal Dorias hat eine tiefe und bleibende Wunde in Puccinis Seelenleben hinterlassen. Es wurde oft – und wohl mit Recht – die Vermutung ausgesprochen, daß der Komponist mit der rührenden Figur der Sklavin Liù in seiner letzten Oper *Turandot* dem unglücklichen Mädchen aus Torre del Lago ein Denkmal gesetzt hat.

Für kurze Zeit erwog er damals die vollständige Trennung von Elvira, doch fühlte er sich zu diesem Schritt nicht fähig. Im Sommer des Jahres 1909 kam es zu einer Art Waffenstillstand, das Leben wurde wie bisher weitergeführt. In Wahrheit hing nämlich Puccini sehr an dieser Frau, der er es nicht vergessen konnte, daß sie seinetwegen in schweren Zeiten große Opfer auf sich genommen hatte. Es gibt aus den frühen Jahren ihrer Beziehung Briefe voll Zärtlichkeit, in denen sie Kosenamen wie «topizia» und «topizio» (kleine Maus) austauschten. Freunden gegenüber nannte er sie gern «La Czarina» (Die Zarin) oder seinen «Polizisten», was auf gewisse herrschsüchtige Allüren Elviras hindeutet. Er nahm seine Frau stets vor allen Angriffen in Schutz – und dazu gab es oft Veranlassung, denn Elvira war bei den Einwohnern von Torre del Lago sehr unbeliebt. Selbst in der «Affäre Doria» bemühte er sich, sie von der Hauptschuld freizusprechen und die klatschsüchtigen Verwandten für das Verhängnis verantwortlich zu machen. *Ich denke oft an Dich*, heißt es in einem seiner Briefe an Elvira, *aber Du hast eine tragische Seele. Dein ungeheurer Pessimismus ist Dein größter Feind, er hindert Dich, am Leben Freude zu haben.*[134]

La fanciulla del West

In diese Zeit voll Unheil und Trübsal fällt Puccinis Arbeit an seiner «amerikanischen» Oper. Wie stets war auch diesmal der Wahl des Stoffs eine lang Periode des Suchens und Prüfens vorausgegangen. Oscar Wildes «Florentinische Tragödie» etwa war ein Thema, das den Komponisten lange beschäftigte. Weiter noch gedieh ein Projekt mit «La femme et le pantin» (Die Frau und der Hampelmann) nach einer Novelle von Pierre Louÿs: wiederum ein schwächlicher Männercharakter, der einem grausamen Weib, einer Spanierin namens Conchita, ausgeliefert ist. Das Thema hat auf Puccini ebenso anziehend wie abstoßend gewirkt, es war darin sehr viel «Gewagtes» enthalten (sogar an einen Nackttanz der Conchita wurde gedacht). Was ihn schließlich davon abhielt, dieses Werk (das Ricordi bereits unter Vertrag genommen hatte) als Opernstoff zu wählen, erklärte er dem Verleger folgendermaßen: *Der Grund war keineswegs die Angst (zum Teufel mit diesem Wort!) vor der Prüderie der angelsächsischen Hörer Europas und Amerikas. Es war auch nicht das Beispiel der «Salome» in New York.* (Das Werk war nach einer einzigen Vorstellung vom Spielplan abgesetzt, also verboten worden.) *Meine Gründe sind praktischer und theatertechnischer Art. Wenn es überhaupt etwas geben könnte, was mich hätte besorgt machen können, so wäre es die Erinnerung an «Carmen» gewesen, an ihre Farbigkeit und ihre musikalische Diktion. Das ist einzig und allein der Punkt, wo jeder Musiker zu Recht mit der Wimper zucken müßte!*[135] Schließlich war Puccini glücklich, als er sich von der *spanischen Schlampe*[136] befreien konnte.

Einige Zeit hindurch bekundete er starkes Interesse an den Erzählungen Maxim Gorkis. Durch Sybil Seligman, die eine reiche literarische Bildung besaß, wurde er auf Tennyson («Enoch Arden»), Tolstoj («Anna

Karenina»), auf Werke von Kipling, Wilde, Dickens und anderer aufmerksam gemacht. *Ich erhalte tagtäglich allerlei Skizzen und Texte, aber lauter Trödelkram ... Ich fühle so starke Schöpferkraft in mir ... doch was kann ich leisten? Wo ist der Mensch, der mir das Gesuchte geben könnte? Mein Gott, wie armselig ist die Theaterwelt, die italienische genauso wie die ausländische!*[137]

Diese Klagen darf man freilich nicht ganz ernst nehmen, denn unter den Vorschlägen, die an ihn herangebracht wurden, befanden sich viele gute und wertvolle Stoffe. Wertvoller jedenfalls als die seichte Geschichte vom Mädchen Minnie aus dem Goldenen Westen, für die sich Puccini schließlich entschied. *La fanciulla del West*[138] hat die verschiedenartigsten Beurteilungen erfahren. Für viele Kritiker ein Machwerk letzter Sorte, ohne jeden künstlerischen Wert. («Einen ganzen Abend Puccini und keine Melodie», sagte Heinrich Mann.[139]) Andere Autoren, wie in neuester Zeit Charles Osborne, zählen das Werk zu den faszinierendsten Opernschöpfungen Puccinis insgesamt.[140]

Sicherlich muß man Osborne recht geben, wenn er ein Vorurteil bekämpft, das seit jeher über dieser Oper lastet; daß sie das Produkt einer impotenten Phase sei, daß man ihr die Wirren der Entstehungszeit anmerke. In Wahrheit zeigt das Werk keinerlei Anzeichen von Müdigkeit oder Ermattung auf, es verwirklicht voll und ganz die Absichten des Komponisten, auch wenn diese Absichten von der Richtung der vorherigen Opern erheblich abweichen. (Im Grunde ist dieses Abweichen nichts Neues, denn die Folge von Puccinis Opern zeigt von Anfang an starke Kontraste auf.) Nach der weichlichen, lyrischen *Butterfly* wollte der Komponist nun eine ganz andere Seite seines Wesens hervorkehren, er wollte offenbar auch beweisen, daß er imstande war, «moderne» Musik zu schreiben. Der Verzicht auf süße Kantilene, auf das melodische Moment geschah also ganz bewußt.

Puccini hat die rauhe, sturmbewegte Bergwelt Kaliforniens in kühner, neuartiger Harmonik und Instrumentation dargestellt – wiederum mit starker Betonung des «Atmosphärischen», fast könnte man sagen des «Filmischen».[141] In die Partitur wurden viele Originalthemen (amerikanische Volkslieder, Indianermusik) aufgenommen. Eine Komposition von ganz eigentümlich herber, düsterer Farbwirkung. *La fanciulla del West* war zwar nur ein Augenblickserfolg, dennoch hat gerade diese Oper stark auf die Musik des Jahrhunderts eingewirkt: das Spätwerk Janáčeks, «Jonny spielt auf» von Křenek, sogar «Krieg und Frieden» von Prokofieff sind – wenn vielleicht auch nur in Spuren und Andeutungen – mit diesem Werk verbunden. Das Unglück der Oper besteht darin, daß dieser Aufwand an künstlerischer Energie an ein Sujet verschwendet wurde, das der Kategorie des Groschenromans angehört.

Allerdings muß bedacht werden, daß Puccini bereits seit früher Jugend eine ausgeprägte Vorliebe für Goldgräber- und Indianergeschichten

Premiere «La fanciulla del West»: Giulio Gatti-Casazza, David Belasco, Toscanini, Puccini

besaß, daß dies im Grunde die einzige Art von Literatur war, für die er echte Neigung zeigte. (Seine sonstige Lektüre war meist nur mit hastiger Libretto-Suche verbunden.) In seinen Studentenjahren begeisterte er sich für Buffalo Bill, dessen Schau er in Mailand erleben konnte, auch in den Briefen an seinen Bruder Michele kommt diese Indianer-Romantik zum Ausdruck, etwa wenn er sich (um 1890) seine Auswanderungspläne überlegt: ... *aber nicht nach Buenos Aires, mehr ins Zentrum, zu den Rothäuten!*[142] Mit *La fanciulla del West* hat sich Puccini einen Traum aus Jugendjahren verwirklicht.

Nach seiner Rückkehr aus New York erbat er sich von Belasco den Text des Schauspiels. Sybil Seligman fertigte davon eine Übersetzung ins Italienische an. Es währte aber fast noch ein halbes Jahr, bis sich Puccini endgültig für dieses Sujet entschied. Als Librettist wurde ein neuer Mann, Carlo Zangarini, herangezogen, bald darauf beschäftigte man – nach altem Brauch – einen zweiten Textdichter: Guelfo Civinini. Bei der Herstellung des Texts kam es bald wieder zu den üblichen Differenzen. Puccinis Anteil am Libretto ist diesmal größer als in früheren Fällen. Die Gestaltung des III. Akts geht fast vollständig auf seine Ideen zurück.

Am Beginn des Jahres 1908 unternahm Puccini eine Reise nach Ägypten (es war dies für längere Zeit die letzte gemeinsame Reise mit Elvira), und bald nach der Rückkunft nahm er die Arbeit an der Oper auf: in äußerst unruhiger Stimmung, ständig den Aufenthaltsort wechselnd, bald in Torre del Lago, dann wieder in den Bergen, in Chiatri, in Abetone (in beiden Orten besaß Puccini Häuser, die er aber nach einiger Zeit wieder verkaufte). *In Italien finde ich keine einzige Stadt, in der ich leben kann. Wo man hinblickt – überall neidische Gesichter und man wird behandelt, wie Kain Abel behandelt hat. So ist das in unserem Land, besonders für jeden, der sich über das normale Niveau erhebt.*[143]

Im Juli schrieb er an Ricordi: *Dieses Girl ist eine furchtbar schwierige Arbeit.*[144] An Sybil: *Ich arbeite an meiner Minnie und habe große Freude daran – so mühsam das auch ist und so viele lange Stunden ich dafür am Arbeitsplatz verwende.*[145] Gegen Ende der Arbeit steigerte sich seine Zufriedenheit mit dem Werk. Wiederholt sprach er davon, mit dem *Girl* (wie

Puccini-Karikatur von Caruso

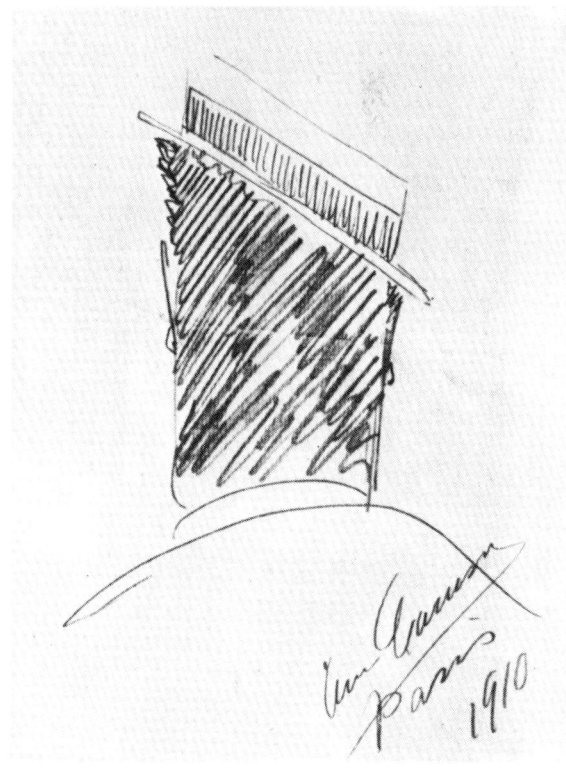

er es nannte) *eine zweite Bohème schaffen zu wollen, nur kraftvoller und reicher.*[146] Am 15. August 1910 teilte er Sybil aus Viareggio mit: *Das Girl ist vollendet. Meiner Meinung nach die beste Oper, die ich geschrieben habe.*[147]

Im Juni dieses Jahres war Puccini nach Paris gereist, um dem Gastspiel der Mailänder Scala im Théâtre du Châtelet beizuwohnen. Während dieser Vorstellungen kam es auch zur ersten Pariser Aufführung von *Manon Lescaut* (unter Toscaninis Leitung). *Ein wirklich vollkommener Triumph*[148], dem besondere Bedeutung zukam, weil damit die Alleinregentschaft von Massenets Oper in Paris gebrochen war. Bei dieser Gelegenheit wurde mit dem Met-Direktor Gatti-Casazza die Uraufführung der Oper *La fanciulla del West* in New York festgelegt.

Die Premiere an der Metropolitan Opera ereignete sich am 10. Dezember 1910. Emmy Destinn sang die Minnie, Enrico Caruso den Dick Johnson, Pasquale Amato den Sheriff, selbst für die Nebenrollen waren Sänger der ersten Garnitur aufgeboten worden. Toscanini dirigierte, Tito Ricordi leitete die Inszenierung. Anfang November war Puccini in Begleitung seines Sohns mit dem Dampfschiff «George Washington» nach New York gekommen, um die Proben zu überwachen. Auch David Belasco war bei den Vorbereitungen zugegen, um szenische Details festzulegen.

Die Premiere der Oper war eine Sensation sondergleichen, es gab mehrfach erhöhte Eintrittspreise, Puccini wurde in einer Weise gefeiert, wie er dies bis dahin noch nicht erlebt hatte. «Und trotzdem wurde die Oper in Wahrheit von Publikum und Presse kalt aufgenommen»[149], berichtet Gatti-Casazza. Tatsache bleibt, daß das «Girl» trotz anfänglich weiter Verbreitung nie an den Erfolg der früheren Puccini-Opern heranreichen konnte. Es hat jedoch immer wieder sehr wirkungsvolle Aufführungsserien gegeben (vor allem mit Maria Jeritza als Minnie in Wien und New York).

La rondine

Kennen Sie eine lustige Erzählung, Novelle oder Geschichte voll von Humor und Buffonerie? Ich habe so große Sehnsucht, zu lachen und die anderen Menschen zum Lachen zu bringen, schrieb Puccini 1911 an seine *ilustrissima Lady* Sybil Seligman.[150] Es war dies wieder inmitten einer Phase der «Arbeitslosigkeit», des nervösen Suchens und Verwerfens aller erdenklichen Sujets. Der Plan für eine heitere Oper beschäftigte Puccini schon seit langem, doch fand er darin bei Ricordi keine Unterstützung, der nur wenig Vertrauen in die humoristische Begabung des Komponisten setzte.

«Anima allegra», ein Stoff nach einer Komödie der spanischen Autoren Joaquín und Serafín Quintero wurde in Erwägung gezogen. Dieses

Projekt brachte ihn mit dem Schriftsteller Giuseppe Adami (1878–1946) zusammen, einem seiner engsten Mitarbeiter der späteren Jahre. Doch nach langen Bemühungen – wieder kein Ergebnis. Molnárs «Liliom», Sudermanns «Johannisfeuer», Hauptmanns «Hanneles Himmelfahrt», d'Annunzios «Kinderkreuzzug», dazu noch mancher Versuch mit älteren, längst zurückgestellten Projekten – alles ergebnislos. Oft schien sich Puccini bereits entschieden zu haben, es kam zur Ausarbeitung von Opernlibretti, zu Vertragsabschlüssen – doch dann wurde alles wieder fallengelassen. Dieses Verfahren zog mitunter langwierige Rechtsstreitigkeiten nach sich, so etwa mit «The two little wooden shoes» (I due zoccoletti, Zwei Holzpantoffel) der englischen Unterhaltungsschriftstellerin Ouida. Puccini begeisterte sich einige Zeit für dieses sentimentale Thema, das er zu *einer Oper voll Anmut und Poesie*[151] gestalten wollte. (Mascagni hat das Sujet später für seine Oper «Lodoletta» verwendet.)

Erst 1913 begannen sich aus der Fülle von Ideen konkrete Vorhaben abzuzeichnen. Und zwar war es zunächst das Schauspiel «La Houppelande» (Der Überrock) von Didier Gold, für welches die Entscheidung fiel. Puccini hatte das Stück ein Jahr vorher in Paris gesehen. Von nun an beschäftigte ihn die Idee zu einer Dreiheit von Operneinaktern, an deren Beginn «Der Mantel» stehen sollte. Über die weiteren Stücke des Triptychons blieb er sich lange Zeit im unklaren. Die Arbeit an *Il tabarro*, wie das Werk genannt wurde, ging zum Teil gleichzeitig mit *La rondine* vor sich.

Im Oktober 1913 befand sich Puccini in Wien zur Erstaufführung des *Mädchens aus dem Goldenen Westen* an der Hofoper. Bei dieser Gelegenheit wurde ihm von den Direktoren des Carltheaters (Otto Eibenschütz und Heinrich Berté – letzterer als Schöpfer der Operette «Das Dreimäderlhaus» bekannt geworden) der Vorschlag gemacht, ein Werk für diese damals florierende Wiener Operettenbühne zu schreiben. Das Angebot war günstig, es war von einer Reihe von acht bis zehn Musiknummern für ein Singspiel die Rede, Puccini gab seine Zusage. *Ich habe ein Übereinkommen mit dem Carltheater in Wien getroffen für 300000 Kronen und vielen anderen erfreulichen Konditionen. Für eine komische Oper, eine ganz kurze Oper in drei Akten mit sehr hübschem Sujet. Es ist dies eine Arbeit, die mich sehr unterhalten wird und die ich rasch erledigt haben werde.* Am Schluß eines dieser Briefe an Sybil steht die Bemerkung: *Addio, Savoia!*[152] Damit ist seine Trennung vom Verlagshaus Ricordi gemeint. Das Mißverhältnis zu Tito Ricordi (von Puccini mit dem Spitznamen «Savoia» bezeichnet) hatte damals seinen Gipfel erreicht. Puccini fühlte sich von «Savoia» schlecht behandelt. Nicht ganz zu Unrecht, denn Tito hat Puccini oft brüskiert, etwa dadurch, daß er seit seiner Amtsübernahme den Komponisten Zandonai in sehr auffälliger Weise begünstigte. Puccini mochte sich dadurch tatsächlich *zum alten Eisen geworfen* vorkommen.[153]

Selten sollte sich der Komponist so schwer geirrt haben wie mit seiner Prognose für *La rondine*. Die Arbeit an diesem Werk war weder angenehm noch rasch zu erledigen, sie kam unter schwierigsten Umständen, nach Jahren mühseliger Tätigkeit (1913–16) zustande. Vor allem schwand Puccinis Freude an der ursprünglichen Form des Sujets (es stammte von den Operetten-Librettisten A. M. Willner und H. Reichert) sehr bald. *Eine Operette – das kommt für mich nicht in Frage, eine Oper – ja: Ähnlich wie «Rosenkavalier», nur unterhaltsamer und mehr organisch.*[154]

La rondine (Die Schwalbe) hat im Verlauf ihrer Entstehung die erstaunlichste Metamorphose durchgemacht. Aus einer amüsanten Kleinigkeit wurde eine lyrische, sentimentale Oper, die trotz ihrer heiteren Grundhaltung manche Ähnlichkeit mit Verdis «La Traviata» aufweist, und in die Puccini sehr viel von seiner Lebensphilosophie hineingelegt hat. Vielleicht war anfangs wirklich der Wunsch gestanden, ein Unterhaltungsstück im Stil Franz Lehárs zu schreiben, dessen Werke er schätzte und mit dem ihn persönliche Bekanntschaft verband. Doch bald mochte er einsehen, daß ihm für dieses Genre die nötige «leichte Hand» fehlte.

Zwei Dinge waren es vor allem, die eine Änderung im Charakterbild des Werks bewirkten: zunächst der Weltkrieg – ein Ereignis, das Puccini zutiefst erschütterte. Und zum zweiten war es die Verängstigung, die ihm der Entwicklungsgang der neuesten Musik einflößte. Mit *La rondine* wollte er eine Art Gegenpol zu all den schrecklichen Vorgängen schaffen, er wollte dieses Werk *als eine Reaktion auf die grauenvolle Musik der Gegenwart aufgefaßt wissen*, auf die *Weltkriegsmusik*[155], wie er dies mitunter nannte. Ob ihm diese Intention gelungen ist, ob *La rondine* ein verunglücktes Werk ist (so wird die Oper oft eingestuft) – dies muß weiterhin eine offene Frage bleiben.

Durch die neue politische Situation, die mit dem Kriegseintritt Italiens entstanden war, konnte an die Einhaltung der Wiener Vereinbarung nicht mehr gedacht werden. Ab 1914 zog Puccini den Dichter Giuseppe Adami zur Mitarbeit am Libretto heran. Adamis Textbuch ist ein eigenständiges Werk, das mit der Idee der Wiener Autoren nicht mehr allzuviel gemeinsam hat. Puccini erlebte während der Komposition zahlreiche Phasen der Mutlosigkeit. *Glauben Sie mir, lieber Adami, ich habe recht, la rondine ist eine einzige Schweinerei. Zum Teufel mit dieser Wiener Geschichte!*[156] Zuletzt war er jedoch von seiner Arbeit sehr befriedigt.

Nach Fertigstellung des Werks (Ostern 1916) wagte er einen «Rückzieher» und bot die Oper Ricordi an. Doch «Savoia» reagierte mit Ablehnung. Wieder eine Kränkung, die Puccini bis ins innerste Mark treffen mußte. An Sybil schrieb er: ... *ich bedauere zutiefst, daß ich ihm die Oper angeboten habe, daß ich mich so tief vor ihm erniedrigt habe. Aber es wird ihm leid tun, denn La rondine ist eine Oper voll Leben und Melodie!*[157]

Durch die Zurückweisung des Werks durch Ricordi (Tito soll es als «schlechten Lehár» bezeichnet haben), kam *La rondine* – als einziges Opernwerk Puccinis – an den Verleger Sonzogno.

Die Premiere der Oper fand noch während des Weltkriegs, am 27. März 1917, in Monte Carlo statt. Gilda Dalla Rizza, eine von Puccini hochgeschätzte Sängerin, gab die Magda, Tito Schipa sang den Ruggero, Dirigent war Gino Marinuzzi. Es war dies die letzte Uraufführung eines Opernwerks, der Puccini persönlich beiwohnen konnte. Der Komponist wurde in großartiger Weise gefeiert, dieser Erfolg wiederholte sich überall dort, wo der Komponist selbst den Beifall entgegennahm – sonst aber war der Empfang denkbar kühl. Im Bestimmungsort Wien gelangte *La rondine* (nach einigen Umarbeitungen) am 9. Oktober 1920 (in der Volksoper) zur Erstaufführung. Hedwig v. Debitzka und Miguel Fleta sangen die Hauptrollen. Auch hier wiederum nur ein Achtungserfolg. Puccini hatte von dieser Oper, die im Grunde eine Huldigung an die Wiener Musik, an den Wiener Walzer bedeutet, eine sehr hohe Meinung – im Gegensatz zu den Kritikern, die das Werk schal und kraftlos fanden. Der Oper blieb auch in Hinkunft der Erfolg versagt. Es hat zwar immer wieder geglückte Belebungsversuche von *La rondine* gegeben, doch als Repertoirestück konnte sich das Werk niemals etablieren.

Il trittico

Die elegante Salonwelt von *La rondine* und das düstere Elendsmilieu des Einakters *Il tabarro* – ein größerer Gegensatz läßt sich kaum vorstellen. Und doch sind beide Werke fast zu gleicher Zeit entstanden. Die Arbeit an *Il tabarro* wurde 1913 begonnen, dann beiseite gelegt und ab 1915 wieder aufgenommen. Im November 1916 war das Werk vollendet. Die Arbeit ging ohne größere Hindernisse vor sich, das Textbuch Adamis war in wenigen Tagen hergestellt worden und bedurfte kaum besonderer Änderungen. Puccini hat in diesem Fall von einem *etwas «apachenhaften» Sujet* gesprochen, *mehr oder minder Grand Guignol.*[158] Was ihn an diesem Eifersuchtsdrama am Seine-Ufer, aus der Welt der «armen Leute», gefesselt haben mag, war die psychologische Situation des Eingesperrtseins, der Ausweglosigkeit, die ja auch im zweiten Stück des Triptychons (*Suor Angelica*) zum Vorschein kommt. Der Handlung nach steht *Il tabarro* dem Verismo nahe, musikalisch dem Impressionismus. (Auch Strawinsky-Klänge lassen sich feststellen, etwa in der Drehorgelmusik.) In Wahrheit aber ist *Il tabarro* echtester, bester Puccini: konzentriert in der Form, mit scharfer Zeichnung der Charaktere und der Situationen. Die Ehebrecherin Giorgetta etwa ist eine viel lebensvollere Gestalt als das Goldgräber-Girl Minnie. Ganz besonders scheint sich Puccini von der Gestalt des Kahnbesitzers Michele (in deutscher Fassung Marcel) angezogen gefühlt zu haben, dessen Vereinsamung, dessen Trauer um die entschwindende Jugend ihn an sein eigenes Schicksal gemahnen mochte. Sehr deutlich gelangt dies in Micheles großem Monolog (von Puccini später nachkomponiert) zum Ausdruck. Das absolut Neue in *Il tabarro* ist jedoch die starke Hervorkehrung des sozialen Moments. «Zum erstenmal stehen in Puccinis *Mantel* Arbeiter auf der Bühne», schreibt Wolfgang Marggraf, «und zwar durchaus nicht als anonyme Masse gezeichnet, sondern als Individualitäten, von denen jede anders auf die Unterdrückung reagiert: da begegnet dumpfe Ergebung in ein glückloses Dasein ebenso wie die Trostsuche in Alkohol oder auch – bei Georgette und Henri – eine unbezwingbare Sehnsucht nach einem menschenwürdigen Leben, ein Drang, der Bedrückung eines unerfüllten Daseins zu entgehen, der sich in Henris großem Ausbruch fast bis zu echtem revolutionärem Aufbegehren steigert.»[159]

Auf die finstere Ballade vom *Mantel* folgt das zarte, lyrische Gegenstück: *Suor Angelica*. Den Stoff zu dieser Tragödie hinter Klostermauern hat Giovacchino Forzano (1883–1970) geliefert, ein vielgewandter, in allen erdenklichen Metiers beheimateter Künstler, den der Komponist

«Il tabarro». Bühnenbild von P. Stroppa

«Suor Angelica». Bühnenbild der Uraufführung

bereits zur Zeit seines Plans mit dem Ouida-Libretto («I due zoccoletti»)
kennengelernt hatte. Puccini zeigte sich sogleich von diesem Thema begeistert.[160] Eine Oper, einzig und allein für Frauenstimmen geschrieben –
dies allein mochte ihn wegen der damit verbundenen akustischen Möglichkeiten interessieren. Mit seiner *Schwester Angelica* hat Puccini ein
ganz eigentümliches musikalisches Bild geschaffen, von seltsamer Statik,
von gedämpfter Färbigkeit, die an das Licht von Kirchenfenstern denken
läßt. Vom Vorwurf der Monotonie ist das Werk freilich nicht ganz freizusprechen. *Suor Angelica* zählt überdies zu jenen Opern, die das Verhältnis vieler Musikfreunde zu Puccini trüben, weil darin das süßliche, das
rührselige Moment sehr stark zum Vorschein kommt. Das Stück enthält
aber auch einige sehr packende dramatische Momente, wie etwa das Gespräch der Nonne mit der Fürstin. Und im leiderfüllten Monolog der
Schwester Angelica fließen gleichsam alle Fäden von Puccinis künstlerischer Eigenart zusammen: der inbrunstvolle Ton der Sopranstimme, ein-
gebettet in weiche, «blumige» Instrumentation, die exotische Färbung
der Harmonie, der fallende Duktus des Hauptthemas (fast alle Sopran-
arien Puccinis besitzen diese absteigende Linie), die Sequenztechnik – und
über allem der tiefe Schatten der Melancholie, der «mestizia toscana».

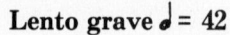

Lento grave ♩ = 42

Sen- za   mam- ma, o bim – bo, tu   sei   mor - to!
Oh - ne   Mut - ter   bist   du, Kind, ge - stor - ben

Bald nach Fertigstellung der Oper (September 1917) besuchte Puccini seine Schwester Iginia, die seit langem als Ordensfrau im Kloster Vicopelago lebte (inzwischen war sie bereits Priorin geworden), und führte ihr und ihren Mitschwestern sein Werk auf dem Klavier vor. Die geistlichen Zuhörerinnen waren vom Schicksal der Schwester Angelica zutiefst bewegt.

Gianni Schicchi geht vermutlich auf einen Einfall Puccinis zurück, der ihm während seiner oftmaligen Beschäftigung mit Dantes «Göttlicher Komödie» gekommen ist. Im 30. Gesang des «Inferno» stieß er auf die Erwähnung des Testamentfälschers Gianni Schicchi. Die wenigen Zeilen aus Dantes Dichtung gaben die Inspiration für den humoristischen Einakter, dessen Handlung allerdings zum Großteil freie Erfindung ist. Das Libretto hat wiederum Forzano geschrieben – unter maßgeblicher Beteiligung des Komponisten. Ebenso wie bei *Suor Angelica* ging auch diesmal die Arbeit ungewöhnlich rasch und problemlos vonstatten, die Oper war am 20. April 1918 vollendet.

Mit *Gianni Schicchi* konnte sich Puccini seinen langgehegten Wunsch nach einer komischen Oper verwirklichen. Das Werk löste bei seinem Erscheinen ungemein überraschende Wirkungen aus, denn ein solches Meisterstück musikalischen Humors hat man Puccini offenbar nicht zugetraut. Freilich tritt in *Gianni Schicchi* eine ganz andere Form von Heiterkeit zutage, als dies in der italienischen Buffo-Oper älterer Schule der Fall ist. An die Harmlosigkeit der Rossini- oder Donizetti-Opern dieses Genres darf man dabei nicht denken. Und doch tritt gerade in diesem Werk der Italiener Puccini mehr als je zuvor in Erscheinung. *Gianni Schicchi* ist die «italienischste» unter seinen Opern, nicht allein deshalb, weil sie in Italien, genau in Florenz spielt. Die Musik strotzt von südländischer Vitalität, verströmt sanguinisches Temperament. Ein Klangbild von fanfarenhafter Grellheit. Das sentimentale Moment ist fast völlig zurückgedrängt, kommt nur in kurzen Augenblicken – wie etwa in Laurettas weltberühmter Ariette *O mio babbino caro* (Väterchen, teures, höre) – zum Vorschein. In manchen Punkten weist das Werk Übereinstimmung mit Verdis «Falstaff» auf (besonders deutlich in der Zeichnung des Liebespaares Lauretta–Rinuccio), doch findet sich darin nicht der geringste epigonale

Giuseppe de Luca (1876–1950) sang bei der
Uraufführung die Titelrolle in «Gianni Schicchi»

Zug. Bemerkenswert, daß Puccini auch in seiner einzigen komischen Oper nicht ganz vom Todesthema wegkommt, der Humor des Stücks – ein karikierender, verschmitzter Humor – geht im wahrsten Sinn des Worts über Leichen.

Kurz vor dem Ausscheiden Tito Ricordis aus dem Verlagshaus kam es zu einer Aussöhnung Puccinis mit «Savoia». Dadurch gelangte der Opernzyklus wieder an den «angestammten» Mailänder Musikverlag. Die Uraufführung fand an der Metropolitan Opera statt, kurz nach Beendigung des Kriegs, am 14. Dezember 1918. Dirigent war Roberto Moranzoni, in *Il tabarro* sangen Luigi Montesanto, Claudia Muzio und Giulio Crimi die Hauptrollen. *Suor angelica* wurde von Geraldine Farrar verkörpert, Gianni Schicchi von Giuseppe de Luca. Die verworrenen Reiseverhältnisse nach Kriegsende machten es Puccini unmöglich, zur Premiere nach New York zu kommen. So blieb er zum erstenmal der Uraufführung

eines seiner Opernwerke fern – noch dazu der letzten Premiere zu seinen Lebzeiten.

Der Met-Direktor Gatti-Casazza entsandte an Puccini nach der Aufführung ein Glückwunschtelegramm: «Vollkommener Triumph. Am Ende jeder Oper große Zustimmung, insgesamt mehr als 40 Vorhänge. Enthusiasmus vor allem für *Gianni Schicchi*.»[161] Der letzte Teil der Nachricht stimmt. Die beiden anderen Einakter fanden in Wahrheit nur kalte Aufnahme. Ähnlich erging es bei der italienischen Premiere des *trittico*, diesmal in Puccinis Anwesenheit (11. Januar 1919, Teatro Costanzi in Rom). *Gianni Schicchi* eroberte sich rasch die internationale Opernbühne, er löste sich aus der Dreiheit heraus und begann ein Eigenleben zu führen: kombiniert mit Einaktern anderer Komponisten, manchmal auch mit Balletten. Oft auch ließ man es bei *Il tabarro* und *Gianni Schicchi* bewenden und verzichtete auf das Mittelstück. All dies ereignete sich bereits bald nach der Premiere. Puccini war darüber sehr empört und legte bei Ricordi scharfen Protest gegen die Trennung des Triptychons ein. Besonders schmerzte es ihn, daß seine *geliebte kleine Nonne* auf so geringe Gegenliebe stieß. *Es macht mich wirklich unglücklich, die beste der drei Opern so schlecht behandelt zu sehen.*[162] Große Genugtuung mochte es ihm bereiten, daß *Schwester Angelica* bei der deutschen Erstaufführung (Wien 1920) den größten Erfolg unter den drei Einaktern davontrug – dies freilich auch durch Lotte Lehmanns seelenvolle Darstellung (*eine erstklassige Sängerin, obwohl sie eine Deutsche ist*[163]).

Erst in neuerer Zeit beginnt man Puccinis Wunsch nach Unauflösbarkeit der Operntrias mehr und mehr zu respektieren. Mit Erfolg – wie die vielen Aufführungsserien des Werks beweisen. *Il trittico* vereinigt drei Grundzüge von Puccinis Wesensart in sich: den krassen, bitteren Realismus, das «Sterben in Verzweiflung» (*Il tabarro*), das feminine, lyrisch-sentimentale Element (*Suor Angelica*) und den scharfen, bissigen Humor in *Gianni Schicchi*.

Puccinis humoristische Ader, die in vielen Momenten seiner Opern zum Vorschein kommt, zeigte sich auch auf außer-musikalischem Gebiet: in seinen scherzhaften Gedichten und Wortspielen[164] sowie in seinen Karikaturen (Puccini war ein begabter Zeichner).

Das außerirdische Liebesduett

Ein Mensch mit so unbändigem Freiheitssinn wie Puccini, der es nur selten längere Zeit an ein und demselben Ort aushielt, der zu jeder Gelegenheit weite Reisen unternahm, mußte sich in den Kriegsjahren wahrhaftig *wie der Gefangene von Zenda*[165] vorkommen. Der Verzicht auf seine geliebten Auslandsreisen, die Trennung von seinen Freunden in aller Welt – dies alles traf ihn sehr hart. Seit dem Kriegseintritt Italiens waren seine Werke von den deutschen und österreichischen Opernspielplänen abgesetzt worden. Eine Maßnahme, die ihn sehr schmerzte – nicht allein wegen der dadurch entfallenden Tantiemen. Aus Torre del Lago schrieb er an Adami: *Meine Einsamkeit ist unendlich wie das Meer, bewegungslos wie der See, schwarz wie die Nacht, aber auch grün wie die Galle!*[166] Und

Puccini mit seinem Sohn Antonio zur Zeit der Entstehung von «Turandot»

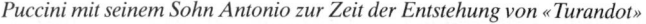

an Sybil Seligman: *Ich lebe hier ganz allein, führe ein elegisches Dasein. Der Sturm weht, die Kälte bricht herein. Elvira ist so sehr in ihre düsteren Gedanken versponnen, daß ich am liebsten davonlaufen möchte. Denn so allein zu leben wie ein Hund – das ist sehr traurig.*[167]

Er litt schwer unter den düsteren Zeitverhältnissen, machte sich Sorgen um seinen Sohn Tonio, der zum Militärdienst einberufen worden war. Puccini haßte den Krieg. Die mörderischen Vorgänge an der Front, die Bombardierung der Städte – all dies erfüllte ihn mit Abscheu und Schrekken. Doch zu einer konkreten politischen Stellungnahme war er – im Gegensatz zu vielen zeitgenössischen Künstlern – nicht zu bewegen. Im Jahre 1915 verweigerte er seine Unterschrift für das «King's Albert Book» (eine Art Weißbuch, das gegen Deutschland gerichtet war) mit den sehr bezeichnenden Worten: *Ich habe in letzter Zeit sehr viele Aufforderungen erhalten, mich durch Unterschrift an allen möglichen Aufrufen und Protesten zu beteiligen. Und ich habe immer zur Antwort gegeben, daß es mein ausdrücklicher Wunsch ist, im Hintergrund zu bleiben und daß mein Name nicht in der Öffentlichkeit genannt wird.*[168]

In Wahrheit hatte Puccini zu den nunmehr «feindlichen» Ländern Deutschland und Österreich ein sehr gutes Verhältnis, weil sich seine Opern dort größter Beliebtheit erfreuten. Diese Einstellung des Komponisten war allgemein bekannt. Puccini wurde deshalb in den Kriegsjahren oftmals öffentlich angegriffen, vor allem von der französischen Presse. Der Künstler empfand diese Vorwürfe als völlig ungerecht, da er sich durchaus als guter Patriot fühlte. *Ich verabscheue den Krieg – ich liebe meine Heimat.*[169] Im Gegensatz zu Verdi war ihm aber der nationale Gedanke seiner Kunst fremd. *Ich schreibe nämlich für sämtliche menschliche Rassen, einschließlich der Neger, wenn sie sich erst einmal entwickelt haben werden.*[170]

Puccinis Deutschfreundlichkeit bildete oft den Kernpunkt zu jenen Streitigkeiten, die sich zwischen dem Komponisten und Arturo Toscanini abspielten. «Ich entsinne mich, daß ihre Auseinandersetzungen am Vorabend des Weltkriegs sehr hitzig wurden», berichtet Toscaninis Tochter Wally. «Eines Tages klagte Puccini darüber, daß in Italien alles drunter und drüber ginge, daß jeder nur betrüge, daß die Machthabenden nur zugunsten ihrer eigenen Interessen handelten und die Armen wieder einmal den kürzeren zögen. Er schloß seine Rede mit der Bemerkung: *Hoffen wir, daß die Deutschen kommen und die Dinge hier in Ordnung bringen.* Papa verwandelte sich in ein wildes Tier. Er sprang auf und schloß sich im Haus ein. Er sagte, er würde nie mehr ausgehen, denn wenn er Puccini träfe, würde er ihn verprügeln ... Nach einer Woche hatten sie sich jedoch wieder versöhnt.»[171]

In den Nachkriegsjahren empfand er große Beunruhigung wegen der vielen Streiks und Arbeiterunruhen in seiner Heimat, er befürchtete, daß die «Bolschewiken» die Macht in Italien übernehmen könnten. Als

Puccini 1923 im Garten seiner Villa in Viareggio

Mussolini die politische Führung in Italien ergriff, äußerte sich Puccini gegenüber Adami: *Und Mussolini? Möge er der sein, den wir brauchen! Es wäre gut, wenn er gegen die alten Schäden vorginge und unserem Land ein wenig Ruhe schenkte.*[172] Einiges an Mussolinis Neuerungen imponierte ihm, im großen und ganzen aber stand er der Faschismus-Bewegung abwartend, zum Teil sogar skeptisch gegenüber. Namentlich für die Persönlichkeit des Diktators hegte er nur wenig Sympathie.[173]

Hingegen hatte er gute Beziehungen zum italienischen Königshaus, er war oft in San Rossore, dem Sommersitz der königlichen Familie, zu Gast und war mit den Prinzen und Prinzessinnen befreundet. Ebenso stand er auch zum englischen Königshaus in bestem Verhältnis (der Königin Alexandra hat er die Oper *La fanciulla del West* gewidmet). Trotzdem war Puccini alles andere als ein «Royalist». Die Fragen des Standes und der Nationalität waren ihm völlig gleichgültig. Wer seine Musik liebte, dem wandte auch er alle seine Liebe und Dankbarkeit zu. Darin bestand im Grunde seine ganze «Politik».

Was ihn in den Nachkriegsjahren besonders schmerzlich traf, war das Aufkommen neuer Industriezentren in der Umgebung von Torre del Lago und die damit verbundene Verwüstung der Gegend, der Lärm der Maschinen, die Verunreinigung der Luft. *Torre del Lago gefällt mir nicht mehr. Fluch über diese moderne industrielle Entwicklung. Die ganze Friedlichkeit hier ist verlorengegangen.*[174]

Es mag für ihn ein harter Entschluß gewesen sein, sich von seinem langjährigen Wohnsitz trennen zu müssen. Er ließ sich nun in Viareggio eine große Villa erbauen, ein Haus von exotischem Aussehen (der Architekt Pilotti hat es nach Puccinis Angaben errichtet). Gegen Ende 1921 konnte er das neue Heim, dessen Garten einem Pinienhain glich, beziehen. Puccini hat sich in Viareggio sehr wohl gefühlt, vor allem konnte er von dort mit dem Auto in kurzer Zeit die Gegend von Torre del Lago erreichen, wo er sich eine Jagdhütte behalten hatte. Während der Zeit der Bauarbeiten an seiner Villa bewohnte er einen alten Sarazenenturm in der Maremma (Torre della Tagliata). Hier und in Viareggio entstand der Großteil seiner Oper *Turandot*.

Im Juni 1919 unternahm er eine Reise nach London, die erste Auslandsreise seit vielen Jahren, überdies erstmals wieder in Begleitung Elviras. Seine Freunde waren überrascht über seine Agilität, über sein jugendliches Aussehen. «Sein Haar war zwar etwas weiß geworden», berichtet Sybil Seligmans Sohn Vincent, «doch sonst war er genauso lebhaft wie in früheren Zeiten. Seine Bewegungen wirkten vielleicht ein wenig langsamer und bedächtiger, doch von jenen Altersbeschwerden, über die er in seinen Briefen so oft geklagt hatte, war nichts zu bemerken. Niemand sah ihm an, daß er sein 60. Lebensjahr überschritten hatte ... Vor allem hatte er sich seine unkomplizierte, jungenhafte Lebenseinstellung bewahrt, seinen scharfen Beobachtungssinn, seine Freude an den ‹kleinen Dingen›, die ihn zeitlebens nie verließ. Bei seiner Wiederkehr in sein geliebtes London kam er uns vor wie ein Schuljunge am ersten Ferientag. Alles interessierte ihn, alles wollte er sehen – und alles begeisterte ihn.» [175]

Mit einer Vehemenz sondersgleichen stürzte er sich nun wieder «ins volle Leben» und suchte alles nachzuholen, was ihm in den Kriegsjahren versagt geblieben war. Er plante weite Reisen – nach Indien, Japan, China (dazu sollte es allerdings nicht mehr kommen). Vor allem drängte es ihn, den Anschluß an das Musikgeschehen seiner Zeit zu finden. *Ich muß jetzt gute Vorstellungen sehen, viel neue Musik hören, ganz gleich, welcher Art sie ist.* [176]

Er versäumte keine Gelegenheit, die Festivals moderner Musik zu besuchen, die nach dem Weltkrieg veranstaltet wurden. Von 1920 bis 1923 kam er oft nach Deutschland und Österreich, um sich über das neueste deutsche Opernschaffen zu informieren, «Die Frau ohne Schatten» von Strauss, «Palestrina» von Pfitzner. Fast immer war er enttäuscht, weil er darin zu wenig Neues hörte. *Eins wie das andere* [177], schrieb er an seinen Freund Riccardo Schnabl. Sein Interesse an allem Szenischen, Theatralischen ging so weit, daß er auch die Passionsspiele in Oberammergau besuchte.

Unter den zeitgenössischen Musikern beeindruckte ihn besonders Strawinsky, dessen «Sacre du printemps» er 1913 bei der Uraufführung erlebt hatte (*...eine Kakophonie ohnegleichen, trotzdem merkwürdig und mit Talent gemacht* [178]). Und vor allem Arnold Schönberg, namentlich dessen späte Schaffensperiode. Für den «romantischen» Schönberg hatte er nichts übrig. 1920 verließ er eine Wiener Aufführung der «Gurrelieder» «richtig bös», wie Alma Mahler erzählt. «Er sagte, er hätte etwas Radikales hören wollen, aber er höre nur wagnerische Musik, das interessiere ihn nicht.» [179]

Wie in früheren Zeiten war er auch jetzt ein unnachsichtiger, strenger Kritiker und Beobachter bei den Aufführungen seiner Werke. Oft kam es dabei zu schweren Differenzen: mit Sängern, Dirigenten, Regisseuren. Puccini setzte jedoch stets seinen Willen durch, ging mitunter so weit, daß er – wie 1920 in Wien bei der Aufführung des Triptychons – mit Aufführungsverbot drohte, weil er mit manchen Einzelheiten der Wiedergabe nicht einverstanden war. Vor allem vertrug er es nicht, wenn sich die Interpreten als «Götter» aufspielten. Daher auch die vielen Zerwürfnisse mit dem «Gott» Toscanini, die ungezählten «Krachs» mit Primadonnen und selbstherrlichen Tenören. *Die Götter müssen im Zaum gehalten werden – wie Pferde.* [180]

Diese Differenzen arteten jedoch nie in Feindseligkeiten aus, sie wurden meistens rasch wieder in Frieden beglichen. Man darf auch die vielen Kraftausdrücke und Schimpfwörter in seinen Briefen nicht ganz ernst nehmen, da sie immer nur der «Rage» des Augenblicks entsprangen. In

Franz Lehár (1870–1948).
Porträt mit Widmungsworten für Puccini

seiner Korrespondenz mit Sybil Seligman verwendet Puccini oft das englische Wort «pig» (Schwein). Toscanini, Caruso und viele andere Künstler aus seinem näheren Umkreis werden als «pigs» tituliert. Und mitunter bezeichnete er sich sogar selbst als «pig».

Zu Puccinis Eigenheiten zählt es, daß er nicht imstande war, seine Erfahrungen weiterzugeben, jüngeren Talenten zu helfen. Als man ihn im Jahre 1921 in die Jury für einen Opernwettbewerb einberief (25 Partituren waren zu beurteilen), geriet er an den Rand der Verzweiflung.

Von Eitelkeit und Geiz, den Schattenseiten vieler großer Künstlernatu-

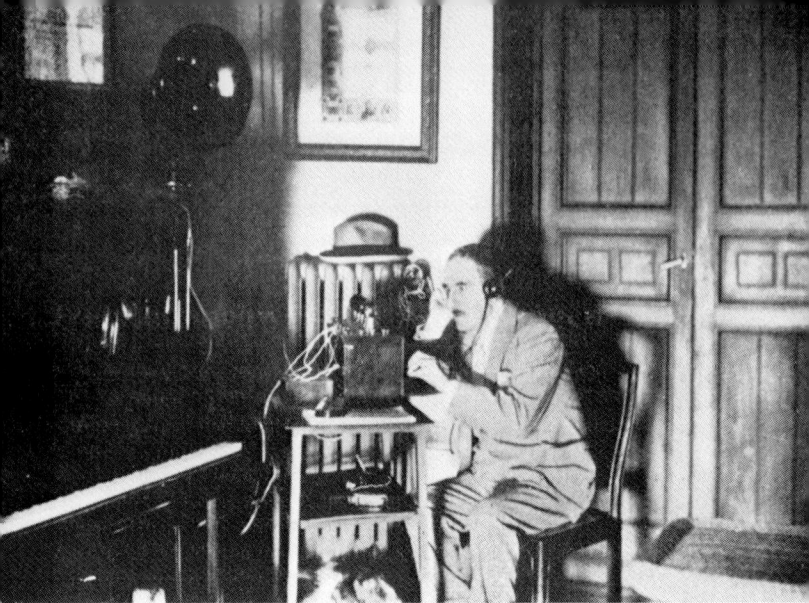

Puccini in seinem Haus in Viareggio beim Radiohören

ren, war Puccini ziemlich frei. Es freute ihn, wenn man ihn achtete und ehrte, doch maß er solchen Dingen keine allzuhohe Bedeutung bei. Kurz vor seinem Tod wurde er zum Ehrensenator der italienischen Regierung («Senatore del Regno») ernannt. In seinen Briefen nannte er sich dann gelegentlich *Sonatore del Regno*[181] («sonatore» = Spieler, meist im vulgären Sinn, für Blasmusik und dergleichen angewandt). Auch besaß er keinen besonders starken Geschäftssinn. So schlug er das Angebot einer amerikanischen Filmfirma für eine Kinomusik (Honorar: 1 000 000 Lire) aus – einfach deshalb, weil er dazu keine Lust hatte. Er genoß seinen Reichtum, war manchmal auch freigebig, wenngleich er niemals solche karitative Taten vollbrachte wie Verdi.

In den letzten Zeiten vor seiner Todeskrankheit erlebte er manche Perioden der Ruhe und glücklichen Entspannung. Das Zusammensein mit Elvira begann nun erträglich zu werden, die häuslichen Zwistigkeiten nahmen allmählich ein Ende. In seiner Villa in Viareggio ging Puccini seinen geliebten technischen Spielereien nach. So ließ er sich im Garten eine mechanische Regenanlage installieren. Es bereitete ihm ein kindliches Vergnügen, bei vollem Sonnenschein mit aufgespanntem Regenschirm unter den Bäumen spazierenzugehen, während von den Zweigen der künstliche Regen herabrieselte.

Besondere Freude bereitete ihm das Radiohören. Viele Stunden verbrachte er vor den Geräten, die er in seinem Studio wie auch im Garten seiner Villa aufgestellt hatte. Und jedesmal war er überglücklich, wenn er auf einer der in- oder ausländischen Sendestationen seine Musik vernahm.

An Sybil Seligman schrieb er im Januar 1923: *Ich habe einen wunderbaren neuen Wagen bekommen, eine achtzylindrige Limousine der Marke Lancia. 90000 Lire! Ich bin zu dem Schluß gekommen, daß man sein Leben nur einmal hat.*[182]

Turandot

Wie schwer ist es in heutiger Zeit, eine Oper zu schreiben![183] Dieser Stoßseufzer Puccinis aus der Entstehungszeit von *La fanciulla del West* steht wie ein Motto über dem gesamten Spätwerk des Komponisten. Der musikalische Kosmos des Zeitalters hatte sich entscheidend gewandelt, jedes neue Werk Puccinis hatte den Beweis zu erbringen, daß seine Musik auch «in heutiger Zeit» bestehen konnte. Dadurch erwies sich auch die Suche nach neuen Opernstoffen als immer schwieriger. Puccini dachte zunächst daran, die heitere Linie, die er mit *Gianni Schicchi* eingeschlagen hatte, weiterzuführen: «Christopher Sly», eine Art Fortsetzung von Shakespeares «Der Widerspenstigen Zähmung» nach einem Libretto von Forzano.[184] Einige Zeit erwog er das Leben Cagliostros als Opernstoff. Ein weiterer Plan, der jedoch nicht der heiteren Richtung angehörte: «Oliver Twist» nach Dickens (als Titel war «Fanny» vorgesehen). Auch das Dickens-Projekt wurde schließlich verworfen, das einzige, was davon übrigblieb, war das Autorenteam Giuseppe Adami und Renato Simoni, die Librettisten von Puccinis letzter Oper *Turandot.*

Renato Simoni (1875–1952), ein Mann von großen Literaturkenntnissen, außerdem ein China-Spezialist (er hatte als Journalist mehrere Jahre in diesem Land verbracht), war es auch, der dem Komponisten Carlo Gozzis 1771 entstandenes Theaterstück «Turandot» als Opernstoff empfahl. Merkwürdigerweise lernte Puccini das Drama nicht im Original kennen, sondern in der Bearbeitung Schillers, die wiederum von Conte Maffei, dem bedeutenden Schiller-Übersetzer, ins Italienische übertragen worden war.

Die Wahl des Sujets kam etwas überraschend, denn «Turandot» war alles andere als das Neuartige und Ungewöhnliche, das Puccini anstrebte, sondern ein alter, oft benützter Opernstoff. Auch Puccinis einstiger Lehrer Bazzini hatte eine Oper namens «Turanda» (1867) komponiert. 1917 war Ferruccio Busoni mit einer «Turandot»-Oper hervorgetreten. In den Vorkriegsjahren hatte Max Reinhardt mit seiner Berliner Aufführung des Gozzi-Stücks (in Vollmoellers Bearbeitung) großes Aufsehen erregt. Möglicherweise hat Puccini damals diese spektakuläre Inszenierung gesehen.

Zur Zeit von «Turandot». Puccini mit seinen Librettisten Renato Simoni (links) und Giuseppe Adami (rechts)

Bald aber sollte sich herausstellen, daß Puccini mit diesem Stoff ganz anderes vor hatte als die Bearbeiter, Komponisten und Regisseure, die sich bis dahin mit «Turandot» befaßt hatten – anderes sogar als Carlo Gozzi, der Autor des Dramas. Mit *Turandot* schwebte ihm *eine originelle, vielleicht sogar einzigartige Oper*[185] vor. Am 18. März 1920 erwähnt Puccini das *Turandot*-Vorhaben zum erstenmal (in einem Brief an Simoni). Von da an ließ ihn dieses Thema nicht mehr los – im wahrsten Sinn bis in die letzten Augenblicke seines Lebens. Die Geschichte von der rätselhaften Prinzessin, die ornamentale Märchenlandschaft des alten China – all dies packte, ergriff ihn und bereitete ihm zugleich auch größte Unsicherheit. So schwankte er in den vier Jahren seiner Beschäftigung mit dem Werk unentwegt zwischen stürmischem Schaffensdrang und *fataler Lethargie*[186], wie er dies nannte. *Stunde für Stunde, Minute für Minute denke ich an Turandot, und die ganze Musik, die ich früher geschrieben habe, kommt mir jetzt wie ein Scherz vor, interessiert mich nicht mehr.*[187] Es gab unzählige, langwierige Konferenzen mit Adami und Simoni, in denen am Libretto gezimmert und um jedes Wort des Textes gerungen wurde. Wie immer in solchen Fällen erwachten auch diesmal seine Hast, seine Nervosität. Unentwegt wurden die beiden Textautoren – zu denen Puccini ein «väterliches» Verhältnis hatte, da sie viel jünger waren als er – zur Eile angespornt. *Schlaft mir nicht, meine teuren Dichter!* schrieb er voll Ungeduld, *ich habe den Müßiggang satt!*[188] Und bereits von Beginn der Arbeit an begleitete ihn die Ahnung, daß er das Werk unvollendet hinterlassen würde. *Ich fürchte, Turandot wird niemals fertig*, notierte er am 10. November 1920.[189]

Puccinis krankhafte Furcht vor dem Älterwerden trat etwa ab seinem 50. Lebensjahr auf. Diese Angst ging so weit, daß er mehrmals in Erwägung zog, sich durch eine Verjüngungskur behandeln zu lassen. Nun aber waren es regelrechte Todesahnungen, die ihn bedrängten. An Sybil Seligman schrieb er Ende 1920: *Wenn sie* (die Librettisten) *mich noch länger zuwarten lassen, dann kann man mir Feder, Papier und Tintenfaß ins Grab nachwerfen.*[190] An Adami: *Ihr denkt nicht daran, daß hier ein Mann sitzt, dem die Erde unter den Füßen brennt, dem jede Stunde der Boden unter den Füßen zu wanken droht wie bei einem Erdsturz, der ihn fortreißt. Man schreibt mir reizende und anfeuernde Briefe. Aber wenn ich statt dessen einen Akt von dieser principessa di princisbecco* (unübersetzbares Wortspiel) *bekäme, wäre das nicht viel besser? Ihr würdet mir meine Ruhe, mein Vertrauen wiedergeben, und auf dem Klavier hätte kein Staub mehr Platz, soviel würde ich darauf herumhämmern, und auf dem Schreibtisch läge ein tüchtiger Stoß von Notenblättern mit tausend Zeilen.*[191]

Puccinis *Turandot* stellt in der Operngeschichte insofern eine Merkwürdigkeit dar, als sich darin in verblüffender Weise Fort- und Rückschritt, Altes und Neues überkreuzen. Absolut neu und fortschrittlich ist die rein musikalische Seite des Werks. «In *Turandot* steht Puccini auf dem Gipfel seiner Instrumentationskunst» (Norbert Christen).[192] Zugleich erreicht auch die harmonische Erweiterung darin ihren Höhepunkt.[193] Wie in seiner ersten «Fernost»-Oper *Madama Butterfly* hat Puccini auch diesmal auf originale (chinesische) Musikmotive zurückgegriffen. Die Fünftonreihe wird zum wichtigen, wenn auch nicht zum vorherrschenden Faktor der Komposition verwendet. Puccini läßt sich in *Turandot* zu tonalen Kombinationen verleiten, wie sie bis dahin in seinem Werk nicht anzutreffen sind, etwa wenn in den Gongschlägen der ersten Szene d-moll und Cis-Dur zugleich ertönen. Im Terzett der Minister (*Ho una casa nell' Honan* [Fern im Honan guckt mein Haus]) kommt es zu einer Quarten-Überschneidung, die nicht mehr weit von jenen harmonischen Wendungen entfernt ist, die Alban Berg in den Schlußtakten seiner Oper «Wozzeck» einsetzt.

PING

In auffallendem Gegensatz zu den vielen disharmonischen Momenten des Werks, zur orchestralen Farbenvielfalt stehen die vielen Abschnitte, in denen sich Puccini als Melodiker «alten Schlags» offenbart. Die Kunst der Vereinfachung der musikalischen Ausdrucksweise tritt selbst in diesem opulenten Werk immer wieder hervor. In Kalafs Arioso *Non piangere Liù* bringt es der Komponist zuwege, ein über sechs Takte ausgreifendes Cantabile zu schreiben, das nur aus drei Tönen (Ges, As, B) besteht.

Ich mache mir große Sorgen, schrieb Puccini an Sybil Seligman, *weil Turandot gerade der Typ von Opern ist, der mir angst macht.*[194] Die Sorge ist begreiflich, denn mit diesem Werk begab er sich auf ein Terrain, das ihm fremd war. In formeller Hinsicht bedeutet *Turandot* eine Rückkehr zur «Großen Oper» des 19. Jahrhunderts, die mit Verdis «Aïda» ihren Höhepunkt erlangt hatte: die Prunk- und Ausstattungsoper mit großen Chören und Aufmärschen. (Auch eine Oper für große Stimmen, wie sich in der Praxis herausstellte.) Die dramaturgische Struktur des Werks verlangte nach Verwendung mancher Opernschablonen älterer Prägung, die Puccini bereits in seinen frühen Werken überwunden und etwa von *La fanciulla del West* an fast vollständig ausgemerzt hatte. Seit jeher empfand Puccini tiefe Abneigung vor allen herkömmlichen Opernformen wie Arien, Duetten, Terzetten, Ensembles. *Wenn mir meine Librettisten den Text zu einer Arie bringen, trifft mich jedesmal beinahe der Schlag.*[195]

Im Laufe der Arbeit hat das Libretto eine starke Betonung des psychologischen Moments erfahren. Vor allem die Titelfigur, die bei Gozzi so gut wie kein Innenleben besitzt, enthüllt in ihrem großen Monolog *In questa reggia* (dem umfangreichsten Solo, das Puccini je für eine Frauenstimme geschrieben hat) die tiefen Wunden ihrer Seele. Ohne Zweifel sind Opernfiguren wie Salome und Elektra nicht ganz spurlos an dieser «eiskalten Prinzessin» vorbeigegangen. Die psychologische Vertiefung der von Gozzi ziemlich schematisch gezeichneten Gestalten zählt wiederum zu den «modernen» Elementen von Puccinis Oper.

Lange Zeit wußten der Komponist und seine Textautoren nicht recht, was sie mit den «venezianischen Masken» anfangen sollten, deren komische Intermezzi in Gozzis Stück eine wichtige Rolle spielen. *Machen Sie es ein bißchen, wie es Shakespeare so oft macht, wenn er drei oder vier fremdartige Typen einführt, die saufen, fluchen und den König schmähen!*[196] Schließlich wurden aus diesen «Masken» die drei Minister Ping, Pang, Pong.

Eine Gestalt, die von den Opernlibrettisten neu ins Spiel eingeführt wurde, ist die Sklavin Liù. Der Widerpart zur stolzen, grausamen Prinzessin, die Verkörperung der innigen, hingebungsvollen Liebe. Puccinis Opernwelt ist – ebenso wie jene von Richard Strauss – von Frauengestalten geprägt. In *Turandot* werden zwei extreme Charaktere einander gegenübergestellt. Beide Figuren machen im Laufe des Spiels eine grundlegende Wandlung durch (bei Puccinis Operngestalten ein seltenes Motiv). Turandot von der kalt-abweisenden zur liebenden Frau. Und die sanfte, demütige Liù wächst in ihrer Todesszene zu heroischer Größe empor.

Turandot läßt erkennen, daß Puccinis künstlerische Energien noch lange nicht an ihrem Endpunkt angelangt waren, man gewinnt fast den Eindruck, daß dieses Werk den Beginn einer neuen Schaffensphase hätte markieren können. Trotz aller neuen und ungewohnten Eigenschaften faßt diese Oper viel in sich zusammen, was als «typisch Puccini» zu bezeichnen ist: das Thema Frau, das Thema Liebe, Folter, Grausamkeit und Tod, exotisches Milieu.

Daß dieses Milieu nicht nur in China beheimatet ist, sondern auch einen unverkennbar russischen Einschlag aufweist, wurde bereits von den Zeitgenossen bemerkt.[197] Namentlich die groß ausgeführten Chorszenen legen Vergleiche mit Mussorgskys «Boris Godunow» nahe.

Die Komposition entstand – wie stets bei Puccini – zunächst in verstreuten Partikeln. Vom Sommer 1923 an nahm die Arbeit konzentrierte Formen an. Im November schloß er die Klavierfassung mit dem Tod der Liù ab (den Text zu dieser Szene hat er zum Großteil selbst geschrieben) und begann mit der Instrumentation.

Und von nun an trat ein neues Moment in sein Leben ein: die Krankheit. Puccini war – wenn man von der Diabetes absieht, an der er zwei Jahrzehnte zu leiden hatte – zeitlebens ein gesunder, kräftiger Mensch gewesen. Nun aber, vom Beginn des Jahres 1924 an, setzte der gesundheitliche Verfall ein, der Zustand verschlimmerte sich mit unheimlicher Schnelligkeit.

Zum letztenmal auf der Jagd

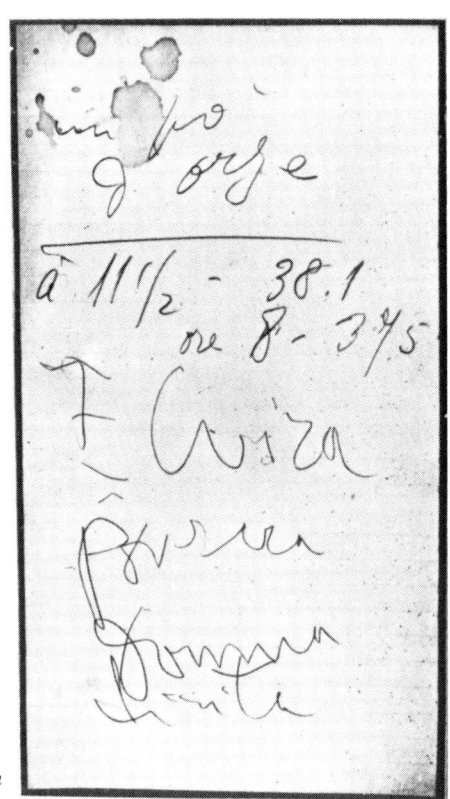

Die letzten Zeilen

Das erste Anzeichen seiner Todeskrankheit hatte Puccini kaum beachtet. Im Sommer 1922 hatte er eine Autoreise durch Deutschland unternommen. In Ingolstadt war ihm nach einem Abendessen der Splitter eines Gänseknochens im Hals steckengeblieben. Ein ärztlicher Eingriff war notwendig. Puccini machte sich über diesen Vorfall mit einem Wortspiel Ingolstadt – *in gola sta* («steckt in der Kehle») lustig.[198] Von da an litt er an Halsschmerzen und Heiserkeit. Vorläufig maß er aber der Sache nicht viel Bedeutung zu. Das Jahr 1923 bescherte ihm viele schöne Erlebnisse, darunter die Ehrenvorstellung von *Manon Lescaut* an der Mailänder Scala, zum dreißigjährigen Jubiläum dieser Oper. Toscanini, der zur Entstehungszeit der *Turandot* in engem, wenn auch nicht ungetrübtem Verhältnis zu Puccini stand, war der Dirigent der Aufführung. Puccini unternahm in diesem Jahr viele Reisen, hielt sich einige Male in Wien auf. Von da schrieb er an Adami: *Ich fühle mich wohl, denke an die schöne*

127

Turandot, schön anzusehen in ihrem jüngsten Gewand dank dem großen Schneider Adamino. Apropos, gestern abends bei der «Josefslegende» von Strauss in der Oper gab es eine Versammlung von «nackten Evas», die den heiligen Franziskus zur Raserei gebracht hätten.[199]

Keiner der vielen Freunde Puccinis konnte damals ahnen, daß der Komponist bereits das Signum des Todes trug. Im Februar 1924 vollendete er die Instrumentation der Oper – wieder nur bis zum Tod der Liù und der anschließenden Trauermusik, einer Szene, die ihn selbst zutiefst erschütterte. Von nun an wollte er sich ganz dem Höhepunkt des Werks, *dem eigentlichen Clou der Oper*[200], widmen: dem großen Liebesduett zwischen Turandot und Kalaf. Unentwegt bedrängte er die Textdichter, wünschte er sich neue Verse, war fast nie mit dem Überbrachten zufrieden. *Es muß ein großes Duett sein. Die beiden sozusagen außerirdischen Wesen vereinen sich durch ihre Liebe mit den Menschen, und diese Liebe muß alle auf der Bühne ergreifen in einem abschließenden Aufschwung des Orchesters.*[201]

Im Frühjahr begann sich das Aussehen Puccinis zu verändern, er wirkte mit einemmal kraftlos, zutiefst erschöpft. Er selbst scheint diese Veränderung wahrgenommen zu haben, denn er vermied es nun, sich in der Öffentlichkeit zu zeigen. Nur ein einziges Mal noch trat er vor einer größeren Menschenversammlung in Erscheinung: am 1. April 1924. Puccini kam eigens nach Florenz gereist, um der – von Schönberg selbst geleiteten – Aufführung des «Pierrot lunaire» beizuwohnen. Luigi Dallapiccola, ein Zeuge dieser Begebenheit, berichtet von der feindseligen Stimmung, die bereits vor Beginn der Vorführung im Saal herrschte. «Plötzlich wie durch Zauber, verstummte das Gemurmel. Giacomo Puccini hatte den Saal betreten. Es war eine echte Überraschung. Man sah ihn gesenkten Hauptes den Saal durchqueren und in einer der ersten Reihen Platz nehmen ... Er folgte der Aufführung mit der Partitur und schien das unfaire Lärmen um ihn herum völlig zu ignorieren.» Nach dem Konzert suchte Puccini Arnold Schönberg im Künstlerzimmer auf und führte mit ihm ein langes und ernstes Gespräch.[202]

Im Sommer 1924 versuchte Puccini in Heilbädern Linderung seiner Halsschmerzen zu erlangen, doch blieb dies alles vergebens. Nach langem Zögern entschloß er sich endlich zu ärztlichen Untersuchungen. Die Diagnose, die schließlich herausgefunden wurde, hat man ihm gegenüber zunächst verheimlicht: Kehlkopfkrebs. Da der Verfall seiner Gesundheit jedoch so rapide Fortschritte nahm, mußte ihm zuletzt der wahre Sachverhalt dargelegt werden. Puccini nahm die bittere Wahrheit mit überraschender Gefaßtheit zur Kenntnis und entschloß sich, das Risiko einer Operation auf sich zu nehmen. Als bester Spezialist für solche Fälle galt Dr. Ledoux in Brüssel. Mit diesem angesehenen Arzt wurde ein Termin für November vereinbart.

Im Oktober spielte Puccini im Proberaum der Mailänder Scala einem

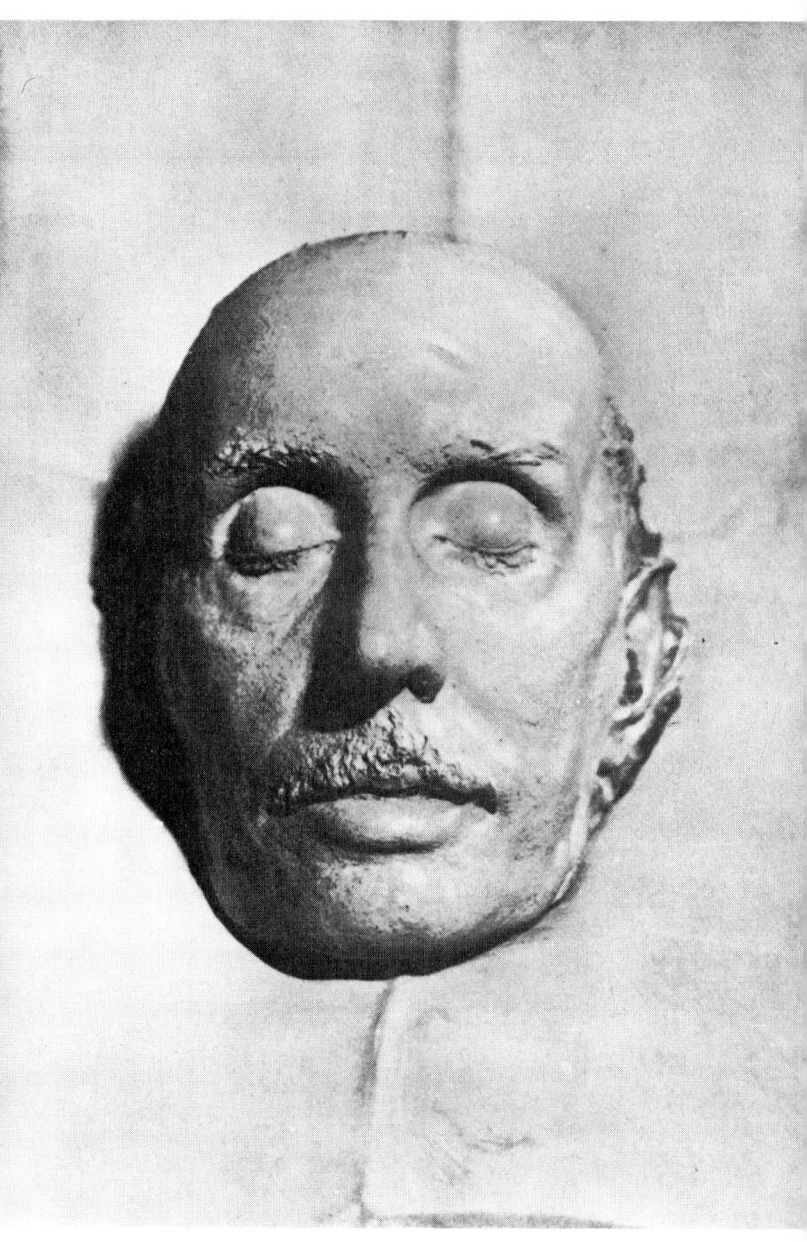

Die Totenmaske

«Turandot». Schlußszene. Bühnenentwurf von Galileo Chini für die Uraufführung an der Mailänder Scala

Birgit Nilsson als Turandot

kleinen Kreis von Zuhörern Teile seiner Oper *Turandot* auf dem Klavier vor. Am 4. November begab er sich in Begleitung seines Sohns nach Brüssel. Während der Fahrt litt Puccini schwer an Hustenanfällen und spuckte bereits Blut. Bald nach seinem Eintreffen in der Klinik von Dr. Ledoux begannen die Behandlungen. Vorerst hielten sich diese Therapien in erträglichen Grenzen, Puccini konnte ab und zu die Klinik verlassen, er ging manchmal ins Kino, erlebte sogar im Brüsseler Opernhaus eine Aufführung seiner *Madama Butterfly*.

Dennoch schien sich Puccini über den Ernst seiner Lage voll im klaren gewesen zu sein. Zu seiner Pflegerin sagte er: *... es ist sehr schwer für einen Künstler, mit dem unfertigen Werk zu sterben.*[203] Die Skizzen zum Schlußduett aus *Turandot* (insgesamt 36 Seiten Notenpapier) hatte er nach Brüssel mitgenommen, er befaßte sich mit ihnen bis in die letzten Augenblicke seines Lebens.

Die Operation Dr. Ledoux' ging in zwei Abschnitten vor sich. Bereits die erste Etappe bereitete Puccini ein Martyrium von unvorstellbaren Ausmaßen. An Angiolino Magrini, einen Jagdfreund aus Viareggio, schrieb er: *Man hat mich gekreuzigt wie Christus. Ich trage um meinen Hals ein Kollar, das mir furchtbare Schmerzen bereitet. Dazu eine Extrabehandlung mit Röntgenstrahlen. Kristallnadeln im Genick. Eine künstliche Atemröhre, ebenfalls im Genick. Aber sage ja nichts davon zu Elvira oder den anderen!* In Wehmut dachte er an seine Freunde und Gefährten: *Ich grüße euch alle, ihr glücklichen und gesunden jungen Menschen!*[204]

Am 24. November wurde der zweite Teil der Operation vollzogen. Puccini überstand den Eingriff verhältnismäßig gut, sein Befinden zeigte in den drei folgenden Tagen merkliche Besserung, er war sogar imstande, das Bett zu verlassen. Doch am 28. November um 18 Uhr erlitt er einen Herzanfall. Trotz aller Versuche mit Injektionen und radiumhaltigen Nadeln war sein Leben nicht mehr zu retten. Puccini starb am 29. November 1924 um vier Uhr morgens, die Todesursache war Herzversagen. Bis in die letzten Augenblicke seines Lebens bewegten sich seine Finger über der Bettdecke – wie auf einer Klaviatur.

An seinem Sterbelager weilten sein Sohn Tonio und seine Stieftochter Fosca, zu der er stets ein sehr inniges Verhältnis gehabt hatte. Auch der italienische Botschafter war zugegen sowie der päpstliche Nuntius, der Puccini die Sterbesakramente spendete. Elvira war in Viareggio verblieben, ihr hatte man bis zuletzt den wahren Stand der Dinge verschwiegen.

Puccinis Leichnam wurde am 1. Dezember nach Italien überführt, am 3. Dezember fand unter großer Beteiligung aller Schichten der Bevölkerung die Trauerfeier im Mailänder Dom statt, Toscanini dirigierte das Requiem aus Puccinis Jugendwerk *Edgar*. Der Komponist wurde zunächst in Mailand bestattet (in Toscaninis Familiengruft), zwei Jahre später kam es zur endgültigen Beisetzung in Torre del Lago, wo man ihm in seinem einstigen Wohnsitz ein Mausoleum errichtet hatte.

Dem Komponisten Franco Alfano (1876–1954) fiel die undankbare Aufgabe zu, die Oper *Turandot* zu vollenden. Alfano hat Puccinis Skizzen getreulich verwendet, er hat sicherlich im Rahmen seiner Möglichkeiten das Beste geleistet. Von jener Größe und Phantastik, die sich Puccini gerade für die Schlußteile gewünscht hat, ist das Resultat freilich weit entfernt.

Die Uraufführung von *Turandot* ereignete sich am 25. April 1926 in der Mailänder Scala. Dirigent war Arturo Toscanini, die Hauptrollen wurden von Rosa Raisa (Turandot), Miguel Fleta (Kalaf) und Maria Zamboni (Liù) gesungen. Am ersten Tag der Aufführung wurde der von Alfano rekonstruierte Teil der Oper nicht gespielt. Nach der Sterbeszene der Liù im III. Akt senkte Toscanini den Taktstock, wandte sich dem Publikum zu und sagte: «Hier endigt die Oper, die durch den Tod des Maestro unvollendet geblieben ist.» Dann verließ er den Orchestergraben. Niemand wagte zu applaudieren, bis schließlich eine Stimme «Viva Puccini!» rief, ein Signal, das eine ungeheure Ovation auslöste.[205]

Anmerkungen

1 Fausto Torrefranca: «Giacomo Puccini e l'opera internazionale». Turin 1912. S. 27

2 Alma Mahler-Werfel: «Mein Leben». Frankfurt a. M. 1960. S. 213

3 In vielen Fällen ist daher nur sinngemäße Übersetzung möglich.

4 *Carteggi pucciniani*. Ed. Eugenio Gara. Mailand 1958. Nr. 2

5 Vincent Seligman: «Puccini among friends». London 1938. S. 188

6 Giuseppe Adami: «Puccini». Stuttgart 1943. S. 186

7 In manchen Biographien wird unrichtig der 23. Dezember als Geburtsdatum genannt.

8 Mosco Carner: «Puccini». 2. ed. 1974. S. 16

9 Adami, a. a. O., S. 14

10 Torrefranca, a. a. O., S. 39

11 Carner, a. a. O., S. 35

12 *Carteggi* Nr. 1

13 Leopoldo Marchetti: «Puccini nelle immagine». Mailand 1949. S. 25

14 Ludwig Karpath: «Begegnung mit dem Genius». 2. Aufl. Wien 1934. S. 385

15 Richard Specht: «Giacomo Puccini». Berlin 1931. S. 203

16 *Carteggi* Nr. 3

17 Ebd. Nr. 1

18 Ebd. Nr. 2

19 Arthur M. Abell: «Gespräche mit berühmten Musikern». 2. Aufl. Eschwege 1973. S. 143f

20 Alfredo Jeri: «Mascagni». Mailand 1940. S. 24

21 *Carteggi* Nr. 4

22 Ebd. Nr. 3

23 Arnaldo Fraccaroli: «Giacomo Puccini». Leipzig 1926. S. 30

24 «Giacomo Puccini, Epistolario». Ed.: «Giuseppe Adami». Mailand 1928. Nr. 179

25 Seligman, a. a. O., S. 136

26 Ebd., S. 188

27 *Carteggi* Nr. 6

28 Ebd. Nr. 10

29 Fraccaroli, a. a. O., S. 55

30 Abwechselnd mit «Jone» wurde auch «Ruy Blas» von Marchetti gegeben.

31 Adami, a. a. O., S. 25

32 Ebd., S. 25

33 Giuseppe Verdi: «Briefe». Hg. v. Hans Busch. Frankfurt a. M. 1979. S. 169

34 *Carteggi* Nr. 127

35 Ebd. Nr. 14
36 Ebd. Nr. 38
37 Wolfgang Marggraf: «Giacomo Puccini». Leipzig 1977. S. 34
38 Puccini, «Epistolario» Nr. 22
39 Ebd., S. 48
40 *Carteggi* Nr. 36
41 Manchmal wurde Ricordi von seinem Spürsinn im Stich gelassen. So lehnte er etwa Mascagnis «Cavalleria rusticana» ab (das Werk war erst ihm und dann erst Sonzogno angeboten worden).
42 George R. Marek: «Puccini». London 1952. S. 76
43 Fraccaroli, a. a. O., S. 82
44 Charles Osborne: «The complete operas of Puccini». London 1981. S. 57
45 Puccini, «Espistolario» Nr. 30
46 Ebd Nr. 34
47 Giulio Gatti-Casazza: «Memories of the opera». London 1977. S. 40
48 Seligman, a. a. O., S. 127
49 Aus einer erst vor kurzem veröffentlichten Briefstelle geht hervor, daß Leoncavallo damals noch einige Textstellen in das Libretto zu *Manon Lescaut* einfügte: Puccini, 276 lettere. Mailand 1974. S. 38
50 *Carteggi* Nr. 40
51 G. B. Shaw: «Musik in London» (Auswahl: H. H. Stuckenschmidt). Berlin 1957. S. 143
52 Adami, a. a. O., S. 37
53 Julius Korngold «Die romantische Oper der Gegenwart». Wien 1922. S. 79 f
54 Ebd.
55 Carner, a. a. O., S. 322
56 Abell, a. a. O.
57 Fraccaroli, a. a. O., S. 238
58 Puccini, «Epistolario», Vorrede
59 Fraccaroli, a. a. O., S. 227 f
60 Ebd.
61 Specht, a. a. O., S. 25
62 Die Kurzgeschichte «La lupa» erschien in Vergas Novellensammlung «Vita dei campi» (Mailand 1880)
63 *Carteggi* Nr. 106
64 Abell, a. a. O.
65 Ebd.
66 Puccini, «Epistolario» Nr. 39
67 *Carteggi* Nr. 123
68 Marek, a. a. O., S. 139
69 Fraccaroli, a. a. O., S. 109 f
70 *Carteggi* Nr. 81
71 Max Kalbeck spricht regelrecht von einer Verhunzung des literarischen Vorbilds. In: Kalbeck, «Opernabende». Berlin 1898. 2. Band S. 90 f
72 Puccini pflegte manchmal den Autoren in Form von Nonsens-Versen den Rhythmus anzugeben.
73 *Carteggi* Nr. 109
74 Fraccaroli, a. a. O., S. 116
75 Carner, a. a. O., S. 68

76 *Carteggi* Nr. 127
77 Fraccaroli, a. a. O., S. 128
78 Carner, a. a. O., S. 224
79 Abell, a. a. O.
80 Carner, a. a. O., S. 337
81 *Carteggi* Nr. 31
82 Fraccaroli, a. a. O., S. 137
83 Massenet hat diese Oper nie komponiert.
84 Fraccaroli, a. a. O., S. 139
85 Sardous Theaterstück «La Tosca» war 1887 in Paris zum erstenmal aufgeführt worden. In der Opernfassung wurde der Artikel «La» weggelassen.
86 *Carteggi* Nr. 200
87 Seligman, a. a. O., S. 90f
88 *Carteggi* Nr. 185
89 Ebd. Nr. 186
90 Ebd. Nr. 194
91 Ebd. Nr. 208
92 Ebd. Nr. 209
93 Korngold, a. a. O.
94 Oskar Bie: «Die Oper». 5. Aufl. Berlin 1920. S. 494
95 Puccini hat die *Hymne an Rom* 1919 aus Anlaß des Kriegsendes geschrieben. Unter Mussolini galt sie als eines der offiziellen Parteilieder der faschistischen Bewegung.
96 Carner, a. a. O., S. 127
97 Puccini, «Epistolario» Nr. 68
98 Ebd. Nr. 77
99 Ebd. Nr. 72
100 Ebd. Nr. 74
101 *Carteggi* Nr. 313
102 Puccini, «Epistolario» Nr. 81
103 Gatti-Casazza, a. a. O., S. 132f
104 *Carteggi* Nr. 349
105 Abell, a. a. O.
106 Gatti-Casazza, a. a. O.
107 Marek, a. a. O., S. 205
108 Harvey Sachs: «Toscanini». München–Zürich 1980. S. 128
109 Julian Smith weist insgesamt sieben Versionen der *Madama Butterfly* nach. In: «Werk und Wiedergabe». Bayreuth 1980. S 229f (Thurnauer Schriften zum Musiktheater. 5)
110 Abell, a. a. O.
111 Specht, a. a. O., S. 165
112 Carl Dahlhaus: «Die Musik des 19. Jahrhunderts». Wiesbaden 1980. S. 298 (Neues Handbuch der Musikwissenschaft. 6)
113 Puccini, «Epistolario» Nr. 73
114 Abell, a. a. O.
115 1931 hat die Kroll-Oper Berlin eine experimentelle Aufführung der *Madama Butterfly* herausgebracht. In neuerer Zeit haben sich Regisseure wie Felsenstein, Friedrich, Herz, Kupfer u. a. um eine unkonventionelle Puccini-Interpretation bemüht.

116 Specht, a. a. O., S. 156

117 *Carteggi* Nr. 233

118 Specht, a. a. O., S. 32

119 Carner, a. a. O., S. 168

120 Richard Strauss: «Eine Welt in Briefen». Tutzing 1967 (Brief vom 21. Oktober 1900)

121 Joseph Marx: «Giacomo Puccini». In: Österr. Musikzeitschrift 13 (1958), S. 511 f

122 Seligman, a. a. O., S. 176 f

123 *Carteggi* Nr. 538

124 Ebd. Nr. 495

125 Specht, a. a. O., S. 157

126 Puccini, «Epistolario» Nr. 184

127 Abell, a. a. O.

128 Ebd.

129 Seligman, a. a. O., S. 81 f

130 Ebd., S. 106

131 Die Briefe wurden von Vincent Seligman teilweise ediert, allerdings nur in englischer Übersetzung.

132 Puccini, «Epistolario» Nr. 76

133 Seligman, a. a. O., S. 170 f

134 Marek, a. a. O., S. 96

135 *Carteggi* Nr. 504

136 Seligman, a. a. O., S. 87. Das Libretto wurde von Riccardo Zandonai für seine Oper «Conchita» (Mailand 1911) verwendet.

137 *Carteggi* Nr. 502

138 Der Titel der Oper wurde erst nach langen Überlegungen festgesetzt, er stellt eine Mischung aus Italienisch und Englisch («West») dar.

139 Heinrich Mann: «Ein Zeitalter wird besichtigt». Düsseldorf 1974. S. 189

140 Osborne, a. a. O., S. 175 f

141 Jürgen J. Leukel: «Puccinis kinematographische Technik». In: Neue Zeitschrift für Musik 143 (1982), Heft 6/7

142 *Carteggi* Nr. 36

143 Seligman, a. a. O., S. 155

144 *Carteggi* Nr. 548

145 Seligman, a. a. O., S. 188 f

146 Puccini, «Epistolario» Nr. 99

147 Seligman, a. a. O., S. 188 f

148 *Carteggi* Nr. 561

149 Gatti-Casazza, a. a. O., S. 272

150 Seligman, a. a. O., S. 211

151 Ebd., S. 239 f

152 Ebd.

153 Ebd.

154 *Carteggi* Nr. 638

155 Seligman, a. a. O., S. 257

156 Puccini, «Epistolario» Nr. 121

157 Seligman, a. a. O., S. 268 f

158 *Carteggi* Nr. 619

159 Marggraf, a. a. O., S. 156

160 Massenets erfolgreiche Oper «Le Jongleur de Notre Dame» (Der Gaukler Unserer Lieben Frau), Paris 1902, mag als Vorbild gedient haben.

161 Osborne, a. a. O., S. 219

162 Seligman, a. a. O., S. 322

163 Ebd., S. 319

164 Puccinis Humor war nicht immer ganz «zimmerrein». So führte er mit Paolo Tosti einen Briefwechsel in einer humoristisch-obszönen Phantasiesprache. Korrespondenz auf tschechisch wurde dies genannt (Seligman S. 93). Dazu auch: Jürgen J. Leukel: «Wortspiele in Puccinis Briefen». In: Österr. Musik-zeitschrift 36 (1981), S. 12 f

165 Seligman, a. a. O., S. 225 (Anspielung auf die bekannte Erzählung von Anthony Hope)

166 Puccini, «Epistolario» Nr. 124 167 Seligman, a. a. O., S. 264

168 Carner, a. a. O., S. 209

169 Seligman, a. a. O., S. 260

170 Puccini, «Epistolario» Nr. 141

171 Sachs, a. a. O., S. 180

172 Puccini, «Epistolario» Nr. 204

173 Die Ehrenmitgliedschaft der Partei nahm er allerdings an.

174 Seligman, a. a. O., S. 314

175 Ebd., S. 300 f

176 Ebd., S. 314

177 *Puccini, lettere a Riccardo Schnabl.* Mailand 1981. Nr. 85

178 Puccini, «Epistolario» Nr. 159

179 Mahler-Werfel, a. a. O., S. 126

180 Seligman, a. a. O., S. 241

181 Carner, a. a. O., S. 219

182 Seligman, a. a. O., S. 344

183 Ebd., S. 155

184 Ermanno Wolf-Ferrari hat das Libretto für seine Oper «Sly» (Mailand 1927) verwendet.

185 Puccini, «Epistolario» Nr. 181

186 Seligman, a. a. O., S. 329

187 Puccini, «Epistolario» Nr. 228

188 Ebd. Nr. 182

189 Ebd. Nr. 184

190 Seligman, a. a. O., S. 321

191 Puccini, «Epistolario» Nr. 179

192 Norbert Christen: «Giacomo Puccini. Analytische Untersuchungen der Melo-dik, Harmonik und Instrumentation». Hamburg 1978. S. 174 (Schriftenreihe zur Musik. 13)

193 Peter Revers: «Analytische Betrachtungen zu Puccinis *Turandot*». In: Österr. Musikzeitschrift 34 (1979) S. 342

194 Seligman, a. a. O., S. 339

195 Gatti-Casazza, a. a. O., S. 275

196 Puccini, «Epistolario» Nr. 178

197 Gatti-Casazza, a. a. O., S. 277

198 Carner, a. a. O., S. 232
199 Puccini, «Epistolario» Nr. 216
200 Seligman, a. a. O., S. 359
201 Puccini, «Epistolario» Nr. 238
202 Luigi Dallapiccola: «Über Arnold Schönberg». In: Österr. Gesellschaft für Musik. Beiträge 1974/75
203 Mann, a. a. O., S. 288
204 Carner, a. a. O., S. 238
205 Sachs, a. a. O., S. 251
206 Puccini, «Epistolario» Nr. 41

Zeittafel

1858	22. Dezember: Giacomo Puccini wird als fünftes Kind von Albina und Michele Puccini in Lucca geboren
1864	18. Februar: Tod des Vaters
1868	Chorknabe in den Kirchen San Martino und San Michele in Lucca
1874–1880	Studium am Istituto musicale Pacini in Lucca, nebenher Tätigkeit als Organist. Erste Kompositionsversuche
1876	Puccini erlebt eine Aufführung von Verdis «Aïda» in Pisa
1880–1883	Studium am Mailänder Konservatorium bei Amilcare Ponchielli und Antonio Bazzini
1883	14. Juli: Aufführung des *Capriccio sinfonico*
1884	31. Mai: Uraufführung der Oper *Le Willis* in Mailand (Teatro dal Verme)
	17. Juli: Tod der Mutter
	Beginn der Lebensgemeinschaft mit Elvira Gemignani, geb. Bonturi
	26. Dezember: Neufassung von *Le Willis* (unter dem Titel *Le Villi*) in Turin
1886	23. Dezember: Puccinis Sohn Antonio (Tonio) geboren
1889	21. April: Uraufführung der Oper *Edgar* an der Mailänder Scala
1891	12. März: Puccinis Bruder Michele stirbt in Rio de Janeiro. Puccini erwählt Torre del Lago zu seinem Wohnsitz
1892	28. Februar: Neufassung von *Edgar* in Ferrara
1893	1. Februar: Uraufführung der Oper *Manon Lescaut* in Turin
1896	1. Februar: Uraufführung der Oper *La Bohème* in Turin
1900	14. Januar: Uraufführung der Oper *Tosca* in Rom
1903	25. Februar: Autounfall Puccinis
1904	17. Februar: Uraufführung der Oper *Madama Butterfly* an der Mailänder Scala. 28. Mai: Neufassung der Oper in Brescia. Beginn des Briefwechsels mit Sybil Seligman
1905	Reise nach Südamerika
1907	Januar und Februar: Aufenthalt in New York
1909	28. Februar: Puccinis ehemalige Hausangestellte Doria Manfredi begeht Selbstmord
1910	10. Dezember: Uraufführung der Oper *La fanciulla del West* an der Metropolitan Opera New York
1917	27. März: Uraufführung der Oper *La rondine* in Monte Carlo
1918	14. Dezember: Uraufführung *Il trittico* an der Metropolitan Opera New York
1920	Beginn der Arbeit an *Turandot*

1921	Übersiedlung nach Viareggio
1922	August: Autoreise durch die Schweiz, Deutschland, Holland. Erste Anzeichen für Puccinis Todeskrankheit (Kehlkopfkrebs)
1924	29. November: Puccini stirbt in der Klinik von Dr. Ledoux in Brüssel
1926	25. April: Uraufführung der Oper *Turandot* an der Mailänder Scala

Zeugnisse

Der Physiker Helmholtz, ein Gipfel des 19. Jahrhunderts, das an Gipfeln reich war, verspätete sich bei seiner Trauung. Befragt warum, sagte er: «Ich habe im Goethe gelesen.»

Das war keine Entschuldigung, es war ein Bekenntnis seines festlichen Zustandes. Aus ihm sprach das Glück, weil der geliebte Dichter ihm Ideen eingegeben hatte, schon oft, aber die besten heute. Ich weiß darum Bescheid, ich habe ähnliches erfahren, dank meiner geistigen Liebe für Giacomo Puccini.

Nach viel sieht es nicht aus, was will da noch die Liebe? Ein Opernkomponist, zu seiner Zeit der beliebteste überall. Man schließt sich dem zahllosen Zug an, man teilt die wohllautende Leidenschaft, die letzte, eines Zeitalters, dem unter der Hand das meiste abhanden kommen sollte, seine Lebenstatsachen, seine Reaktionen auf geistige Vorkommnisse. Die Ahnung, daß bald für tiefe Schwärmereien keine Gelegenheit mehr sein werde, ließ mich vielleicht diese ergreifen.

Heinrich Mann «Ein Zeitalter wird besichtigt».
Düsseldorf 1974. S. 283 f

Puccinis Musik weiß nichts von Gott, nichts von Geistigkeit und dem Rätsel der Welt, nichts vom Sinn des Lebens, wie die der großen Meister, und sie gibt nicht, wie diese, Antwort auf die Fragen des Diesseits und Jenseits. Sie erhebt nicht auf höhere Stufen, und der Ruf der geheimnisvollen Mächte bleibt ihr stumm. Sie weiß nichts von Traum und Ahnung, nichts von der Idee, nur von ihrer Erscheinung in der wachen Wirklichkeit. Aber sie weiß vom Menschen. Und wenn sie nicht zu befreien, zu beflügeln, die innere Schau zu weiten vermag, und wenn ihr die Kraft der seelischen Verwandlung fehlt: sie vermag zu rühren und das Herz zu bewegen. Die Gottesstimme schweigt. Aber die Bruderstimme, die vox humana, tönt laut.

Richard Specht: «Giacomo Puccini»

Als Begabung bedeutet Puccini die bemerkenswerteste Erscheinung, die seit Verdi aus Italien zu uns gekommen ist. Der Reichtum seiner melodischen Erfindung, Wohllaut, Charakteristik und Abwechslungsreiz des

Klanglichen, stete Gespanntheit, lebendiger Puls des Rhythmus, das innere Tempo seiner Musik, vor allem seine Fähigkeit, diese musikalischen Sprachmittel unmittelbar aus dem Charakter der Stimmen zu empfinden, sie dem natürlichen Gesangswillen dienstbar zu machen – dies alles ist so unbestreitbar, daß Widerspruch böswillige Herabsetzung wäre.

Paul Bekker: «Kritische Zeitbilder». Berlin 1921. S. 148 f

Als ich *La Bohème* hörte, wurde mir ganz übel von der Billigkeit und Leere dieser Musik.

Benjamin Britten. In: Opera 1951 / Februar

Es ist einfach, über Puccini in überheblicher Weise zu urteilen, und viele musikalische Snobs haben das auch getan. Andererseits hat es der Komponist, der *La Bohème, Tosca, Madama Butterfly* und *Turandot* schrieb, seinen Verteidigern nicht immer leichtgemacht. Dennoch bedeuten seine Opern einen unerläßlichen Teil des Bühnenrepertoires der westlichen wie der östlichen Welt. Der Erfolg der Werke, ihre Anerkennung, ihre überragende Position – all das kam verdient. Denn Puccini war für das lyrische Theater geboren. Er wußte, wie man eine Musik schreibt, die eine spezielle Atmosphäre einfängt, die Landschaften und Menschen charakterisiert. Sein Herz war warm, und seine Musik berührt durch ihre Humanität. Wie Verdi war er in seinen Wurzeln Italiener, dies hinderte ihn jedoch nicht daran, eine Musik zu schreiben, die unversal ist.

Howard Taubman in: «The New York Times». Aus: «Giacomo Puccini nel centenario della nascita». Lucca 1958

... vielleicht gibt dies gerade meinen Opern die Gewähr für etwas längere Dauer, wenn ich Puccini mit einer delikaten Weißwurst vergleiche, die um 10 Uhr früh (2 Stunden nach Fabrikation) gegessen werden muß (allerdings hat man um 1 Uhr schon wieder Appetit auf etwas Reelleres) während die Salami (kompakter gearbeitet) eben doch ein bißchen länger vorhält.

Richard Strauss. Brief an Clemens Krauß, 14. September 1939. Aus: Richard Strauss, «Eine Welt in Briefen». Tutzing 1967

Ein Takt Puccini ist mehr wert als ganz Leoncavallo.

Gustav Mahler. Brief an Richard Heuberger, 31. Mai 1897. In: Gustav Mahler, «Briefe». Neuausg. Wien–Hamburg 1982

Puccinis Genie der Sentimentalität ist in *La Bohème* so vollkommen der dramatischen Substanz angepaßt und so prächtig entfaltet, daß sogar ich, wenn es mir gelingt, eine Karte zu bekommen, das Theater mit dem Lied meiner verlorenen Unschuld auf den Lippen verlasse.

Igor Strawinsky. In: «Igor Strawinsky mit Robert Craft. Erinnerungen und Gespräche». Frankfurt a. M. 1972. S. 24

Leoš Janáček war – selbst ein Liebhaber motivischer Wiederholungen – ersichtlich vom Glocken-Ostinato B-G-As-F im ersten Aufzug von Puccinis *Tosca* gefangengenommen – wir können darauf wenigstens aus der Tatsache schließen, daß er sich das Motiv auf ein Programm der Oper notiert hat.

Jaroslav Vogel: «Leoš Janáček, Leben und Werk». Prag 1958. S. 35

Er hat das große Meisterstück vollbracht, eine altersschwache Gattung für Jahrzehnte galvanisiert zu haben. Er hat die Oper des Alltags geschaffen.

Adolf Weissmann in: «Die Musik» XVII/4 (1925)

Werkverzeichnis

1. Opern

Le Willis (Text: Ferdinando Fontana), Uraufführung: Mailand 31. Mai 1884. Neufassung unter dem Titel *Le Villi*, Turin, 26. Dezember 1884.

Edgar (Text: Ferdinando Fontana nach «La coupe et les lèvres» von Alfred de Musset). Uraufführung: Mailand, 21. April 1889. Neufassung Ferrara, 28. Februar 1892.

Manon Lescaut (Text: Marco Praga, Domenico Oliva, Luigi Illica u. a. nach «Histoire du Chevalier des Grieux et de Manon Lescaut» von Abbé Prévost). Uraufführung: Turin, 1. Februar 1893.

La Bohème (Text: Giuseppe Giacosa und Luigi Illica nach «Scènes de la vie de Bohème» von Henri Murger). Uraufführung: Turin, 1. Februar 1896.

Tosca (Text: Giuseppe Giacosa und Luigi Illica nach «La Tosca» von Victorien Sardou). Uraufführung: Rom, 14. Januar 1900.

Madama Butterfly (Text: Giuseppe Giacosa und Luigi Illica nach der Erzählung «Madam Butterfly» von John Luther Long und dem gleichnamigen Theaterstück von David Belasco). Uraufführung: Mailand, 17. Februar 1904. Neufassung Brescia, 28. Mai 1904.

La fanciulla del West (Text: Carlo Zangarini und Guelfo Civinini nach «The Girl of the Golden West» von David Belasco). Uraufführung: New York, 10. Dezember 1910.

La rondine (Text: Giuseppe Adami nach einem Sujet von Alfred Maria Willner und Heinz Reichert). Uraufführung: Monte Carlo, 27. März 1917.

Il trittico:

Il tabarro (Text: Giuseppe Adami nach «La Houppelande» von Didier Gold), *Sour Angelica* (Text: Giovacchino Forzano), *Gianni Schicchi* (Text: Giovacchino Forzano). Uraufführung: New York, 14. Dezember 1918.

Turandot (Text: Giuseppe Adami und Renato Simoni nach «Turandot» von Carlo Gozzi). Uraufführung: Mailand, 25. April 1926.

2. Geistliche Musik

Vexilla regis prodeunt für Männerchor und Orgel (1878)
Motette und *Credo* zu Ehren des heiligen Paolino (1878)
Messa per soli, coro a 4 voci e orchestra (Messa di Gloria) (1880)
Salve del ciel regina für Sopran und Harmonium (um 1880)
Requiem für gemischten Chor, Viola und Orgel (oder Harmonium) (1905)

3. Chöre

I figli d'Italia bella (1877)
Cantata a Giove (1897)
Inno a Diana (1899), später zu *Inno a Roma* (1919) umgearbeitet (Text in beiden
    Fällen: Fausto Salvatori)
Avanti, Urania! (Text: Renato Fucini) (1899)

4. Orchesterwerke

Preludio sinfonico (1876)
Capriccio sinfonico (1883)
Scossa elettrica (1896)

5. Kammermusik

Scherzo für Streichquartett (um 1880)
Streichquartett in D-Dur (um 1880)
Fugen für Streichquartett (um 1883)
La sconsolata für Violine und Klavier (1883)
Drei Menuette für Streichquartett (um 1883)
Crisantemi, Streichquartett (1890)
Klaviertrio (Fragment) (nicht datiert)

6. Orgel- und Klaviermusik

Kleine Stücke für Orgel (um 1880)
Zwei Klavierstücke (1910)
Piccolo Tango (um 1910)

7. Lieder mit Klavierbegleitung

Melancolia (Text: Antonio Ghislanzoni) (1881)
Allor ch'io sarò morto (Text: Ghislanzoni) (1881)
Noi leggeramo (Text: Ghislanzoni) (1882)
Spirto gentil (Text: Ghislanzoni) (1882)
Storiella d'amore (Text vom Komponisten) (1883)
Romanza (Text: C. Romano) (1883)
Sole e amore (1888)
E l'uccellino (Text: Renato Fucini)
Terra e mare (Text: E. Panzacchi) (1902)
Morire? (Text: Giuseppe Adami) (1917)

8. Übungswerke für Gesang

Solfeggi (1888)

Bibliographie

1. Briefe, Dokumente

Giacomo Puccini, Epistolario. Ed.: Giuseppe Adami. Mailand 1928
  Deutsche Ausgabe: Puccini, Briefe des Meisters. Berlin 1939
Seligman, Vincent: Puccini among friends. London 1938
Carteggi pucciniani. Ed.: Eugenio Gara. Mailand 1958
Paladini, Carlo: Giacomo Puccini. Con l'epistolario inedito. Florenz 1961
Marchetti, Arnaldo: Puccini com'era. Mailand 1973
Giacomo Puccini, 276 lettere inedite. Ed.: Giuseppe Pintorno. Mailand 1974
Giacomo Puccini, lettere a Riccardo Schnabl. Ed.: Simonetta Puccini. Mailand
  1981

2. Biographien, Gesamtdarstellungen

Adami, Giuseppe: Puccini. Mailand 1935 – Deutsche Ausgabe: Stuttgart 1943
  Il romanzo della vita di Giacomo Puccini. Mailand 1942
Amy, Dominique: Giacomo Puccini. Paris 1970
Baresel, Alfred: Giacomo Puccini. Leben und Werk. Hamburg 1954
Bonaccorsi, Alfredo: Giacomo Puccini e i suoi antenati musicali. Mailand 1950
Bonaventura, Arnaldo: Puccini. L'uomo – l'artista. Livorno 1924
Carner, Mosco: Puccini. A critical biography. London 1958 – [3]1993. – Dt.: Puccini. Biographie. Hg. von Gerhard Allroggen. Frankfurt a. M. 1996
Casini, Claudio: Giacomo Puccini. Turin 1978
Del Florentino, Dante: Immortal Bohemian. New York 1952
Demel, Stefan und Gernot: Giacomo Puccini. Eine Psychobiographie. Stuttgart 1995.
Dry, Wakeling: Giacomo Puccini. London 1906
Fellerer, Karl Gustav: Giacomo Puccini. Potsdam 1937
Fraccaroli, Arnaldo: La vita di Giacomo Puccini. Mailand 1925 – Deutsche
  Ausgabe: Giacomo Puccini. Sein Leben und sein Werk. Leipzig 1926
Gauthier, André: Puccini. Paris 1961
Gerigk, Herbert: Puccini. Potsdam 1937
Giovannetti, Gustavo: Giacomo Puccini nei ricordi di un musicista lucchese. 1958
Greenfeld, Howard: Puccini. A biography. New York 1980 – Deutsche Ausgabe: Puccini. Sein Leben und seine Welt. Königstein 1982
Greenfield, Edward: Puccini, keeper of the soul. London 1958

KRAUSE, ERNST: Puccini. Beschreibung eines Welterfolges. Berlin 1984

MAREK, GEORGE R.: Puccini. New York 1951. – London 1952

MARGGRAF, WOLFGANG: Giacomo Puccini. Leipzig 1977

MARIANI, RENATO: Puccini. Turin 1936

MARIOTTI, GUIDO, und FERRUCCIO PAGNI: Puccini intimo. Florenz 1926

MAROTTI, GUIDO: Giacomo Puccini. Florenz 1949

NEISSER, ARTUR: Giacomo Puccini. Sein Leben und sein Werk. Leipzig 1928

PANICHELLI, PIETRO: Il «pretino» di Giacomo Puccini racconta. Pisa 1939

PINZAUTI, LEONARDO: Puccini. Una vita. Florenz 1974

Puccini, Giacomo – nel centenario della nascita. Lucca 1958

SARTORI, CLAUDIO: Puccini. Mailand 1958

SCHICKLING, DIETER: Giacomo Puccini. Biographie. Stuttgart 1989

SEIFERT, WOLFGANG: Giacomo Puccini. Leipzig 1957

SICILIANI, ENZO: Puccini. Mailand 1976

SPECHT, RICHARD: Giacomo Puccini. Das Leben, der Mensch, das Werk. Berlin 1931

WEAVER, WILLIAM und SIMONETTA PUCCINI: The Puccini Companion. New York 1994.

WEISSMANN, ADOLF: Giacomo Puccini. München 1922

3. Das Werk

a) Allgemeine Darstellungen

ASHBROOK, WILLIAM: The operas of Puccini. New York 1968

BERG, KARL GEORG: Giacomo Puccinis Opern. Musik und Dramaturgie. Kassel 1991.

BRAGAGLIA, LEONARDO: Personaggi ed interpreti del teatro di Puccini. Rom 1977

CHRISTEN, NORBERT: Giacomo Puccini. Analytische Untersuchungen der Melodik, Harmonik u. Instrumentation. Hamburg 1978 (Schriftenreihe z. Musik. 13)

Esotismo e colore locale nell'opera di Puccini. Atti del convegno internazionale sull'opera di Giacomo Puccini, Torre del Lago 1983. A cura di Jürgen Maehder. Pisa 1985

HOPKINSON, CECIL: A bibliography of the works of Giacomo Puccini. New York 1968

HUGHES, SPIKE: Famous Puccini Operas. London 1959

LEDERER, JOSEF-HORST: Verismo auf der deutschen Opernbühne 1891–1926. Wien–Köln–Weimar 1992 (Wiener musikwissenschaftliche Beiträge. 19)

MAGRI, GIORGIO: Puccini e le sue rime. Mailand 1974

MONALDI, GINO: Giacomo Puccini e la sua opera. Rom 1924

MUSCO, GIANFRANCO: musica e teatro in Giacomo Puccini. Vol. 1. Cortona 1989

OSBORNE, CHARLES: The complete operas of Puccini. A critical guide. London 1981

Quaderni pucciniani. A cura dell'Istituto di studi pucciniani. Lucca 1982ff

RICCI, LUIGI: Puccini interprete di se stesso. Mailand 1954

TORREFRANCA, FAUSTO: Giacomo Puccini e l'opera internazionale. Turin 1912

THIESS, FRANK: Puccini. Versuch einer Psychologie seiner Musik. Berlin–Wien–Leipzig 1947

VALENTE, RICHARD: The Verismo of Puccini. Fribourg 1971

b) Zu einzelnen Werken

MAISCH, WALTER: Puccinis musikalische Formgebung untersucht an der Oper «La Bohème». Erlangen (Diss.) 1934

MILA, MASSIMO: La novità di Bohème. Mailand 1959

Giacomo Puccini, *La Bohème*. Texte, Materialien, Kommentare. Hg.: ATTILA CSAMPAI und DIETMAR HOLLAND. Reinbek 1981

WINTERHOFF, HANS-JÜRGEN: Analytische Untersuchungen zu Puccinis «Tosca». Regensburg 1973 (Kölner Beiträge zur Musikforschung. 72)

LEUKEL, JÜRGEN J.: Studien zu Puccinis *Il trittico*. München 1982 (Musikwissenschaftliche Schriften. 18)

POWLIS-OKANO, KIMIYO: Puccinis «Madame Butterfly». Bonn 1986.

4. Bildwerke

CERESA, ANGELO, und GUSTAVO MARCHESI: Puccini a casa. Udine 1982 – Deutsche Ausgabe: Puccini – Schauplätze seines Lebens. Wien–München 1982

MARCHETTI, LEOPOLDO: Puccini nelle immagini. Mailand 1949

Museo teatrale alla Scala. Puccini. Catalogo. Mailand 1974

5. Zur Diskographie

BLYTH, ALAN (Hg.): Opera on record. London 1979

SCHAUENSEE, MAX DE: The collector's Verdi and Puccini. Philadelphia 1962

Diskographische Notiz

Zusammen mit Mozart, Wagner, Verdi und Strauss zählt Puccini zu den «Großen Fünf» der Opernwelt, zu jenen wenigen Komponisten, die im Repertoire der europäischen und der internationalen Opernbühne mit drei, vier, mitunter sogar noch mehr Werken vertreten sind. Diese bevorzugte Stellung hat auch ihre Auswirkung auf die «Oper im Wohnzimmer», auf die Schallplatte gezeitigt. Seit 1899, als der Tenor Caffetto «Tra voi belle» und «Donna non vidi mai» aus *Manon Lescaut* für Grammophon-Aufnahmen gesungen hat, erfolgte eine unübersehbare Flut von Einzelnummern aus Puccinis Opern, und ab 1919 (den ersten kompletten Aufnahmen der *Bohème* und *Tosca* auf HMV) von Gesamteinspielungen. Nicht nur das vollständige Opernschaffen Puccinis liegt mittlerweile in Tonaufnahmen vor, auch die Kammermusik, die symphonischen und kirchenmusikalischen Werke sind zum Großteil eingespielt worden. Die Anzahl der Aufnahmen von Puccinis bekanntesten Opernwerken ist kaum mehr überschaubar, es vergeht kaum ein Jahr, in dem nicht eine neue *Bohème*, eine neue *Tosca* oder *Butterfly* erscheint.

Aus der Fülle dieser Aufnahmen soll hier nur auf eine einzige hingewiesen werden: auf die RCA-Einspielung der *Bohème* unter Toscaninis Leitung (1946). Und zwar deshalb, weil sich hier der singuläre Fall ereignet, daß ein Opernwerk des vorigen Jahrhunderts vom Dirigenten der Uraufführung betreut wird. Arturo Toscaninis Interpretation besitzt höchste Authentizität. Seine Wiedergabe stellt vor allem klar, wie wichtig die Wahl des richtigen Tempos bei Puccini ist. Der Komponist hat in zahlreiche Stellen seiner Partitur Metronomziffern eingefügt, die er keineswegs als beiläufige Richtlinien, sondern als strenge Vorschrift aufgefaßt wissen wollte. Von den Zeitgenossen wird einhellig bestätigt, daß Puccini auf die Einhaltung aller dynamischen und sonstigen Direktiven größten Wert gelegt hat. Er selbst war der Ansicht, daß man nur die allernotwendigsten Vortragsbezeichnungen in den Notentext einsetzen dürfe, *diese aber müssen dastehen, weil man sie nicht entbehren kann*[206]. Viele moderne Dirigenten – darunter einige Berühmtheiten – pflegen sich über diese Vorschriften sehr großzügig hinwegzusetzen. Daher kommt der ungemein straff musizierten Toscanini-Aufnahme besondere Bedeutung zu, auch wenn sie klanglich (wie auch in der Solistenbesetzung) nicht höchsten Anforderungen entsprechen kann.

Zur Kenntnis von Puccinis Intentionen tragen auch die vielen Einzelaufnahmen von Arien und Duetten bei, die noch zu Lebzeiten des Komponisten hergestellt worden sind, in denen viele Künstler der Uraufführungen (Cesira Ferrani, Hariclea Darclée, Giovanni Zenatello, Geraldine Farrar u. v. a.) zu hören sind. Ganz besonders muß auf Enrico Caruso hingewiesen werden, dessen einzigartige Vortragskunst in Ausschnitten aus vier Puccini-Opern – *Manon Lescaut, La Bohème, Tosca* und *Madama Butterfly* – festgehalten wurde. (Daß Caruso auch Collines «Mantellied» aus *Bohème* aufgenommen hat, ist ein «Gag», der oft überbewertet wird: dieses Gesangsstück für Baßstimme ist in so hoher Lage notiert, daß es von jedem Tenorsänger, der über eine gute Mittellage verfügt, vorgetragen werden kann.)

Unter den historischen Aufnahmen außerhalb des Opernbereichs verdient Apollo Granfortes Wiedergabe der *Hymne an Rom* (1927) besondere Erwähnung.

Auch von Puccinis Stimme existiert eine Aufnahme: Im Jahre 1907 hat die Plattenfirma Columbia ein kurzes Gespräch des Komponisten mit seiner Gattin Elvira festgehalten.

Namenregister

Die kursiv gesetzten Zahlen bezeichnen die Abbildungen

Über den Autor

Clemens Höslinger, geboren am 15. September 1933 in Wien, studierte an der Akademie für Musik und Darstellende Kunst in Wien. Seit 1962 ständiger Mitarbeiter der Schallplattenzeitschrift FONO FORUM. Spezialist für historische Tonaufnahmen. Musikkritiker beim WDR, NDR, Südwestfunk und für deutsche und österreichische Tageszeitungen und Zeitschriften. Zahlreiche Publikationen und Editionen, darunter im Mozart-Jahrbuch, Haydn-Jahrbuch, in den Sitzungsberichten der Österreichischen Akademie der Wissenschaften. Im Hauptberuf Bibliothekar im Österreichischen Staatsarchiv.

Quellennachweis der Abbildungen

Bildarchiv der Österreichischen Nationalbibliothek, Wien: 6, 43, 49, 51
Aus: Mosco Carner, Puccini. A critical biography. London 1958: 11 re. 40, 56 o.,
95, 97
Sammlung Clemens Höslinger, Wien: 50, 69 u., 75
Aus: Prévost, Manon Lescaut, Zürich 1954: 46
Aus: Camner, The great Opera Stars in historic photographs: 47, 74, 84
Aus: Claudio Casini, Giacomo Puccini, Turin 1978: 30 u., 44, 45, 59, 67, 108, 130 o.
G. Ricordi, Mailand: 46
Foto Fayer, Wien: 69 o., 78 o., 130 u.
Aus: Henry Pleasants, The great singers, London 1967: 78 u.
Aus: Hans Curjel, Experiment Krolloper: 87
Österreichisches Staatsarchiv: 90
Aus: Puccini, Catalogo 1974/75: 109

Alle übrigen Fotos wurden aus dem Bildwerk von Leopoldo Marchetti, Puccini
nelle immagini, Mailand 1949, übernommen.

rowohlts monographien

Begründet von Kurt Kusenberg, herausgegeben von Wolfgang Müller und Uwe Naumann.

Louis Armstrong
dargestellt von Ilse Storb
(50443)

Johann Sebastian Bach
dargestellt von Martin Geck
(50511)

Robert Schumann
dargestellt von
Barbara Meier
(50522)

George Bizet
dargestellt von
Christoph Schwandt
(50375)

Frédéric Chopin
dargestellt von Jürgen Lotz
(50564)

Hanns Eisler
dargestellt von Fritz
Hennenberg
(50370)

Johann Wolfgang von Goethe
dargestellt von Peter Boerner
(50577)

John Lennon
dargestellt von Alan Posener
(50363)

Felix Mendelssohn Bartholdy
dargestellt von
Hans Christoph Worbs
(50215)

Elvis Presley
dargestellt von
Alan und Maria Posener
(50495)

Johann Wolfgang von Goethe
Peter Boerner

Sergej Prokofjew
dargestellt von
Thomas Schipperges
(50516)

Giacomo Puccini
dargestellt von
Clemens Höslinger
(50325)

Gioacchino Rossini
dargestelt von
Volker Scherliess
(50467)

Heinrich Schütz
dargestellt von
Michael Heinemann
(50490)

Richard Strauss
dargestellt von
Walter Deppisch
(50146)

Ein Gesamtverzeichnis der Reihe *rowohlts monographien* finden Sie in der *Rowohlt Revue*. Vierteljährlich neu. Kostenlos in Ihrer Buchhandlung. Rowohlt im Internet: www.rowohlt.de

rowohlts monographien

rowohlts monographien
Begründet von Kurt Kusenberg, herausgegeben von Wolfgang Müller und Uwe Naumann.

Max Beckmann
dargestellt von
Stephan Reimertz
(50558)

Hieronymus Bosch
dargestellt von
Heinrich Goertz
(50237)

Paul Cézanne
dargestellt von
Kurt Leonhard
(50114)

Lucas Cranach d.Ä.
dargestellt von
Berthold Hinz
(50457)

Vincent van Gogh
dargestellt von
Herbert Frank
(50239)

Francisco de Goya
dargestellt von Jutta Held
(50284)

Wassily Kandinsky
dargestellt von
Peter A. Riedl
(50313)

Le Corbusier
dargestellt von Norbert Huse
(50248)

Leonardo da Vinci
dargestellt von
Kenneth Clark
(50153)

Kasimir Malewitsch
HANS-PETER RIESE

Kasimir Malewitsch
dargestellt von
Hans-Peter Riese
(50465)

Michelangelo
dargestellt von
Heinrich Koch
(50124)

Rembrandt
dargestellt von
Christian Tümpel
(50251)

Henri de Toulouse-Lautrec
dargestellt von
Matthias Arnold
(50306)

Andy Warhol
dargestellt von Stefana Sabin
(50485)

rowohlts monographien

Ein Gesamtverzeichnis der Reihe *rowohlts monographien* finden Sie in der *Rowohlt Revue*. Vierteljährlich neu. Kostenlos in Ihrer Buchhandlung.
Rowohlt im Internet:
www.rowohlt.de